W0057102

THOMAS GEBERT

WAS ZU TUN IST, WENN ES SO WEIT IST

KAPITALSCHUTZ
IN UNSICHEREN ZEITEN

börsenbuch verlag

Copyright der deutschen Ausgabe 2016:
© Börsenmedien AG, Kulmbach

Gestaltung Cover: Holger Schiffelholz
Gestaltung und Satz: Sabrina Slopek
Herstellung: Daniela Freitag
Vorlektorat: Egbert Neumüller
Korrektorat: Elke Sabat
Druck: GGP Media GmbH, Pößneck

ISBN 978-3-86470-400-0

Bibliografische Information der Deutschen Nationalbibliothek:
Die Deutsche Nationalbibliothek verzeichnet diese Publikation in der Deutschen Nationalbibliografie; detaillierte bibliografische Daten sind im Internet über <http://dnb.d-nb.de> abrufbar.

BÖRSEN ⦿ MEDIEN
A K T I E N G E S E L L S C H A F T

Postfach 1449 • 95305 Kulmbach
Tel: +49 9221 9051-0 • Fax: +49 9221 9051-4444
E-Mail: buecher@boersenmedien.de
www.boersenbuchverlag.de
www.facebook.com/boersenbuchverlag

INHALT

EINLEITUNG

Ich möchte dieses Buch mit der Feststellung beginnen, dass im Normalfall auch alles weiterlaufen kann wie bisher und keine Notwendigkeit bestehen wird, sein Geld in Sicherheit zu bringen. Dennoch möchte ich in diesem Buch darauf eingehen, was zu tun ist und worauf zu achten ist, falls es doch anders kommt. Viele Fallstricke lauern auf dem Weg in die Sicherheit. Deshalb mag es hilfreich sein, beizeiten einige Vorkehrungen zu treffen. Man kann nicht ausschließen, dass es zu Turbulenzen und krisenhaften Entwicklungen kommt.

Eine deutliche Wirtschaftsabschwächung in China mit einem Sturz der Währung könnte erneute Deflationsgefahren heraufbeschwören. Im August des Jahres 2015 sorgte bereits ein Rückgang des Renminbi um drei Prozent für einen Mini-Crash an der deutschen Börse. Ein Aufflammen der Feindseligkeiten in der Ukraine mit einer möglichen Unterbrechung der Gasversorgung von Westeuropa ist denkbar. Die Flüchtlingskrise kann Europa zerreißen. Was ist, wenn der Euroraum auseinanderbricht? Separatistische Bewegungen wie in Frankreich der Front National unter Marine Le Pen oder in Italien die 5-Sterne-Bewegung mit Beppe Grillo haben sich die Abkehr von Europa und dem Euro auf die

Fahnen geschrieben. Der Austritt Großbritanniens aus der EU könnte der Beginn einer größeren Fluchtbewegung werden. Die Schuldenkrise kann jederzeit wieder hochkochen. Griechenland hat heute nicht weniger Schulden als während der Griechenland-Krise, sondern es steht noch tiefer in der Kreide. In Italien hat sich die Schuldensituation auch nicht verbessert. Mittlerweile beträgt die Last 138 Prozent der Wirtschaftsleistung des Landes. Für Griechenland erforderte bereits ein deutlich niedrigerer Stand umfangreiche Rettungsmaßnahmen. Das weltweit anämische Wirtschaftswachstum droht sich immer weiter abzuschwächen und in eine Rezession ohne Grund abzugleiten. Bei negativen Wachstumsraten werden die Schuldenberge immer schwieriger abzutragen.

Bei einem Zins von null Prozent können die Notenbanken die Wirtschaft nicht mehr mithilfe von Zinssenkungen ankurbeln. Und eines, was die nächste Krise schlimmer gestalten könnte als alle bisherigen, liegt in der neuen Rechtslage begründet: Da bei der Finanzkrise im Jahr 2008 Steuergelder zur Bankenrettung aufgewendet werden mussten, wurde ein Gesetzespaket auf den Weg gebracht und trat am 1. Januar 2016 in Kraft. Seitdem tragen nicht mehr die Steuerzahler zur Bankenrettung bei, sondern die Kunden. Gerät ein Kreditinstitut in Schieflage, werden nicht nur die Aktionäre und die Anleihebesitzer herangezogen, sondern auch die Spargelder und Sichtguthaben der Kunden. Bis zu einer Höhe von 100.000 Euro sollen sie zwar verschont werden, aber wer weiß, ob das Geld reicht, wenn mehrere europäische Banken betroffen sind. Deshalb wird vermutlich schon eine leichte Krise mit der Gefahr, dass eine Bank in Schwierigkeiten geraten könnte, ausreichen, um lange Schlangen vor den Türen der Banken entstehen zu lassen, weil die Leute ihre Kontoguthaben in Sicherheit bringen wollen. Wenn sich bereits lange Schlangen vor den Schalterhallen gebildet haben, ist es zu spät für eine sinnvolle Entscheidung. Deshalb sind schon jetzt einige einfache Überlegungen und ein wenig Vorbereitung angebracht.

WO IST MEIN GELD SICHER?

I ch bin mehrfach von Lesern meines Börsenbriefs und meiner Kolumnen angesprochen worden, ob ich nicht neben Aktien auch auf andere Aspekte der Geldanlage eingehen könnte. Sie werden sicher auch, wie die Leser, die mir geschrieben haben, wenn überhaupt, nur einen Teil Ihres Geldes in Aktien angelegt haben. Die häufigste an mich gestellte Frage lautet deshalb: „Wo ist mein Geld, das ich nicht in Aktien angelegt habe, sicher aufgehoben?" Wenn man schon mit einem Teil seines Geldes das nicht unerhebliche Risiko einer Aktienanlage eingeht, möchte man ja sicher sein, dass der Rest des Geldes im Falle einer Krise nicht verschwinden kann. Ich werde diese Anregung gern aufgreifen. Deshalb habe ich hier einmal alles zusammengetragen, was es zu diesem Thema zu wissen gibt.

Mögliche Krisenszenarien

Viele der Krisenszenarien, die ich durchspielen werde, sind aus meiner Sicht sehr unwahrscheinlich. Im Normalfall sollte eigentlich alles seinen gewohnten Gang gehen. Jedoch muss man die Wahrscheinlichkeit einer

Krise mit der Größe des möglichen Schadens multiplizieren. Ein unwahrscheinliches Ereignis mit einem kleinen Schaden kann man vernachlässigen. Bei einer Krise jedoch, die einen Totalausfall zur Folge hätte, also eine Vernichtung der finanziellen Existenz, einem GAU bei einem Kernkraftwerk vergleichbar, sind auch drei Prozent Eintrittswahrscheinlichkeit eine Größe, die man nicht außer Acht lassen darf. Fangen wir mit der ersten Frage an, die mir gestellt wurde:

Was ist, wenn unser Geld wertlos wird?

Diese Bedenken kann man leicht ausräumen. Abgesehen von der Inflation – meinem Lieblingsthema, auf das ich später noch eingehen werde – wird Geld nicht wertlos. Der Euro ist im Euroraum und damit auch in Deutschland gesetzliches Zahlungsmittel. Alle Verträge lauten auf Euro. Das heißt, ich kann meine Steuerschulden, meine Miete und meine Stromrechnung in Euro und nur in Euro bezahlen. Ich kann sie zum Beispiel nicht mit Goldmünzen bezahlen. Ich muss erst jemanden finden, der mir die Goldmünzen in Euro tauscht. Wenn ich also einige 100-Euro-Noten habe, kann ich damit in Deutschland alles machen, Schulden ablösen, angebotene Waren kaufen und so weiter, Krise hin oder her.

Bargeld im Bankschließfach verspricht die größte Sicherheit

Das Sicherste ist also tatsächlich ein Bündel 100-Euro-Noten in einem Bankschließfach. Der Außenwert des Euro ist für uns in Deutschland in erster Näherung uninteressant. Ich wurde gefragt, wenn der Euro auf 80 US-Cent für einen Euro fällt, wie es Goldman Sachs prognostiziert, ob dann das Geld weniger wert wird. Auf einer Auslandsreise in die USA ja, hier im Inland zunächst nicht, obwohl durch höhere Importpreise die Inflationsrate dann leicht ansteigen kann, doch dazu später mehr. Im Übrigen bin ich nicht der Meinung, dass der Euro auf 80 US-Cent fallen wird, sondern im Gegenteil in nicht allzu ferner Zukunft eine längere Aufwärtsbewegung vollführen wird.

Die Frage ist nicht, ob Geld noch etwas wert ist, sondern ob man in der Krise noch Geld hat

Damit kommen wir zur Sicherheit der Geldanlagen bei einer Bank. Es ist tatsächlich so, dass nach dem neuen europäischen Regelwerk Banken nicht mehr von Staaten gerettet werden. Im Zweifelsfall können damit bei einer Bankenpleite die Kundengelder weg sein. Dabei existiert eine Hierarchie. Spargelder und Sichtguthaben genießen einen höheren Schutz als Kapitalanlagen. Wenn also das Eigenkapital einer Bank durch uneinbringbare Forderungen verschwunden ist, müssen zunächst die Aktionäre der Bank bluten, dann folgen die Besitzer von Anleihen der Bank und diejenigen, die Schuldtitel einer Bank wie etwa Sparbriefe, Zertifikate, Optionsscheine und dergleichen erworben haben.

Wie sicher ist das Geld auf dem Konto?

Als Letztes schließlich werden sogar die Kontoguthaben der Kunden herangezogen. Es besteht also die – wenn auch sehr unwahrscheinliche – Möglichkeit, dass das Geld, das man auf der Bank hat, im Krisenfall futsch ist. Es bleibt zwar die Einlagensicherung in Höhe von 100.000 Euro, die allerdings auch nur für Sichtguthaben und nicht für Kapitalanlagen gilt, auf die man sich jedoch nicht verlassen sollte. Denn wenn in einem Krisenfall, wie er im Jahr 2009 beinahe eingetreten wäre, mehrere Banken zahlungsunfähig werden, sind die 100.000 Euro pro Kunde illusorisch.

Sind Sparkassen sicherer als Banken?

Dies ist eine juristische Frage, zu der es verschiedene Meinungen gibt. Im Zweifelsfall nein. Es ist ein extremes Szenario, ich weiß, aber es besteht die – wenn auch kleine – Möglichkeit der Bankenpleite und des damit verbundenen Verschwindens des gesamten Geldes. Das Problem ist also nicht, dass das Geld wertlos wird, sondern dass es möglicherweise auf einmal weg ist. Was kann man dagegen tun?

2 DIE DEUTSCHE BUNDESANLEIHE

Der sicherste Schuldner im Land ist der Staat, weil er sich kraft seiner Gesetzgebungs- und Exekutivgewalt theoretisch von jedem im Land Geld holen kann, der noch welches hat. Damit kann der Staat seinen Verpflichtungen nachkommen.

Eine deutsche Bundesanleihe ist die sicherste Anlage, die man sich vorstellen kann

Deshalb ist sie auch so sehr gefragt und weist mittlerweile nur noch eine Rendite von minus 0,3 Prozent für fünfjährige Papiere aus. Die Sicherheit muss also teuer erkauft werden. Ein weiterer Vorteil der Bundesanleihe, der auch für amerikanische Staatsanleihen gilt, ist die Liquidität. Man kann sie, wenn man Geld braucht, auch tatsächlich verkaufen. Ich hatte im Jahr 1987 eine Art Crash befürchtet, weil die Zinsen so stark angestiegen waren. Die Rendite zehnjähriger japanischer Anleihen war von drei auf sechs Prozent geklettert und die der amerikanischen Treasury Bonds von sechs Prozent auf zehn Prozent. Deshalb hatte ich wenige Tage vor dem Crash alle Aktien verkauft und Verkaufsoptionen auf fallende Notierungen erworben. Das erlöste Geld von den Aktienverkäufen hatte ich in eine Anleihe gesteckt. Schuldner war die Landesbank Rheinland-Pfalz, keine Wald- und Wiesenadresse, sondern eine sichere Anlage.

Eine Anleihe der LB Rheinland-Pfalz ließ sich nach dem Crash im Jahr 1987 nicht verkaufen

Nachdem die Aktienkurse abgestürzt waren, wollte ich nach zwei oder drei Tagen die Anleihe verkaufen und die billigen Wertpapierkurse zum Kauf von Aktien nutzen. Doch die Anleihe der Landesbank wurde in dieser turbulenten Situation 80 zu 90 gestellt. Das heißt, beim Kauf hätte man 90 zahlen müssen, bei einem Verkauf nur 80 bekommen. Ein Kauf und anschließender Verkauf hätten also elf Prozent des Vermögens dahingerafft. So konnte ich nicht oder nur mit einem Verlust von elf Prozent meine Position auflösen, um Aktien zu kaufen. Man muss also bei jeder Finanzanlage berücksichtigen, dass man im Falle einer Krise oder einer Turbulenz möglicherweise sein Produkt nicht oder nur zu einem entsetzlich ungünstigen Preis verkaufen kann. Nach einigen Wochen hatte sich alles wieder normalisiert. Die Anleihe war eine seriöse Anlage, aber als es darauf ankam, kam ich nicht heraus.

3 BONITÄT HAT VORRANG

Bei einer festverzinslichen Anlage sollten die Sicherheit und die Bonität des Schuldners an erster Stelle stehen. Es lohnt sich in der Regel nicht, um ein paar Prozent-Bruchteile zu feilschen. Schon früh haben mir die Erzählungen von Altmeister André Kostolany eingeleuchtet. Er schilderte in einem seiner schönen Bücher, dass man vor dem Ersten Weltkrieg in Paris neben den französischen Staatsanleihen unter anderem Auslandsanleihen des Russischen Reiches kaufen konnte. Die Zaren-Bonds rentierten einen viertel Prozentpunkt höher als die französischen Anleihen. Dann kam die Oktoberrevolution. Das neue Regime sah sich nicht als Rechtsnachfolger des Zarenreichs. Es fühlte sich für die Schulden nicht mehr zuständig. Das Geld, das gutgläubige Anleger in die russischen Anleihen gesteckt hatten, um ein viertel Prozent mehr Zinsen zu kassieren, war futsch. Die französischen Staatsanleihen dagegen wurden pünktlich zurückgezahlt. Man hatte für einen viertel Prozentpunkt mehr den gesamten Einsatz riskiert. Ganz ähnlich erging es denjenigen, die im Jahr 2005 griechische Staatsanleihen kauften, nur um einen halben Prozentpunkt mehr Zinsen als bei Bundesanleihen zu kassieren. Auch sie waren wenige Jahre später fast ihren gesamten Einsatz los.

Die niedrigen Zinsen treiben Anleger
in riskante Anlagen

Viele Anleger lassen sich leider zu riskanten Investments verleiten, weil sichere Anlagen wie etwa eine Bundesanleihe oder Festgeld bei der Bank kaum über null Prozent abwerfen. Sie meinen, früher habe es mehr Zinsen gegeben, und die wollen sie auch wieder haben. Doch das ist eine Milchmädchenrechnung. Inflationsbereinigt nach Steuern gab es in Deutschland so gut wie noch nie eine Rendite von nennenswert über null Prozent. Um dies an einem Beispiel zu erläutern, wähle ich einmal die Werte von 1980. Der Diskontsatz, der Eckzins für kurzfristige Ausleihungen, lag damals in der Spitze bei 7,5 Prozent. Der Satz für Tagesgeldanlagen oder Monatsgelder muss damit etwa in der gleichen Größenordnung oder leicht darunter gelegen haben. Die Inflationsrate im Jahr 1980 betrug 5,4 Prozent. Gut, könnte man denken, immerhin ein Realzins von 2,1 Prozent. Doch nach Steuern sieht die Lage anders aus. Damals mussten die Zinseinnahmen zum persönlichen Steuersatz versteuert werden. Ein Anleger, der durch seine berufliche Tätigkeit ein durchschnittliches Jahreseinkommen von 29.000 DM erzielte, musste jeden zusätzlichen Euro wegen der Progression mit einem Satz von fast 50 Prozent versteuern. Nach korrekter Versteuerung wären von den 7,5 Prozent bei einem Durchschnittsverdiener 3,75 Prozent angekommen. Nach Abzug der Inflationsrate von 5,4 Prozent wäre somit ein Minus von 1,65 Prozent übrig geblieben. Weil dies verständlicherweise von den Anlegern als ungerecht beurteilt wurde, wurden die Zinsen in der Regel nicht in der Steuererklärung angegeben.

Früher wurden Zinsen in der Regel
einfach nicht versteuert

Die Deutsche Bundesbank konnte ja ziemlich genau angeben, wie viel Zinsen in einem Jahr insgesamt von Banken an ihre Kunden ausgeschüttet worden waren. Das Finanzamt konnte die Zahlen beitragen, welche Zinserträge von den Bürgern bei der Steuer angegeben worden waren.

Beim Vergleich dieser beiden Größen klaffte regelmäßig eine Lücke von über 90 Prozent. Damals gab es in Deutschland ein funktionierendes Bankgeheimnis. Das Risiko, mit diesem Steuerbetrug aufzufliegen, lag also bei null. Dieser Steuerbetrug wurde stillschweigend geduldet und so gut wie von jedem Sparer auch begangen. Weniger als zehn Prozent der Sparer waren in jenen Jahrzehnten – ob aus Ängstlichkeit, doch irgendwann aufzufliegen, oder einfach aus Korrektheit – ehrlich.

Dieser Missstand hätte sich leicht beheben lassen. Eine Abschaffung des Steuergeheimnisses mit einer Kontrollmeldung jeder Zinszahlung an das Finanzamt, wie es zum Beispiel in den USA damals üblich war, hätte dieses Spielchen des massenweisen Steuerbetrugs beendet. Da die Mehrheit der Wähler auch Sparer sind, ging keine Regierung gegen diesen Steuerbetrug vor, aus Angst, bei der nächsten Wahl Stimmen zu verlieren. Im Jahr 2009 wurde dieser Missstand durch die Abgeltungsteuer behoben, bei der ein ermäßigter Zinssatz von 25 Prozent gleich an der Quelle bei der Zahlung der Zinsen von der Bank einbehalten wird. Davor hatten 50 Jahre lang 90 Prozent aller Sparer, die mit ihren Zinsen über dem Steuerfreibetrag lagen, Steuerbetrug begangen. Viele rechtfertigten diesen Tatbestand vor sich als Selbstverteidigung, denn nach Steuern und Inflation wäre fast in der gesamten Zeit ein Minus herausgekommen. Diese Rechtslage war vollkommen zu Recht als stille Enteignung aufgefasst worden.

Nicht auf hohe Zinsen schielen.
Real nach Steuern gab es nie mehr

Da dieser Weg der Steuervermeidung mittlerweile verbaut ist und er ohnehin keinen Sinn mehr ergeben würde, da die Zinsen bei nahe null verharren, tendieren viele Anleger dazu, höhere Zinsen zu suchen, aber dabei eine schlechtere Bonität des Schuldners in Kauf zu nehmen. Doch Vorsicht, hier lauern Gefahren. Die Rückzahlungsversprechen sind oft nicht so sicher, wie sie sich bei Emission einer Anleihe anhören. Es gilt ein paar Regeln zu beachten. Zunächst darf man den Rat von Experten nicht außer Acht lassen.

Vier DAX-Anleihen werden als Junk eingestuft

Um die Sicherheit einer Anleihe zu prüfen, gibt es Ratingagenturen, die nichts anderes machen, als Schuldner auf ihre Rückzahlungsfähigkeit zu überprüfen. Diese Ratingagenturen wurden in den letzten Jahren in der Presse etwas schlecht behandelt, weil ihnen vorgeworfen wurde, die Kreditrisiken der US-Immobilienkrise nicht rechtzeitig vorhergesagt zu haben. Dennoch sollte man sie wegen dieser Fehleinschätzung nicht ganz außer Acht lassen. Auch bei einem Aktieninvestment lohnt es sich, nachzuschauen, wie die Anleihen der Aktienunternehmen „geratet" sind. Dies liefert einem wertvolle Hinweise über die finanzielle Situation der betreffenden Unternehmen. Die Benotungen der Ratingagentur Moody's laufen von AAA bis Aa3 für die investmentwürdigen Anleihen hoher Sicherheit, über die Ziffern A1 bis Baa3 für die Anleihen mit mittlerer Sicherheit, die ebenfalls noch als Investment geeignet erscheinen, bis zu den nicht mehr als Investment empfohlenen Noten Ba1 bis B3. Alles, was mit C beginnt, steht vor der Pleite.

Sicherster börsennotierter Schuldner in Deutschland ist die Allianz mit einer Note von Aa3

Die am höchsten bewerteten Anleihen eines DAX-Unternehmens sind die der Allianz mit einer Note von Aa3. Papiere der großen deutschen Firmen BASF, Daimler, Deutsche Post und Siemens liegen mit Bewertungen von A1 bis A3 in der Gruppe der Anleihen mit mittlerer Sicherheit. Im DAX befinden sich sogar vier Unternehmen – beziehungsweise drei, ein Wert davon ist nämlich gerade aus dem DAX abgestiegen und durch einen neuen ersetzt worden –, deren Anleihen nicht als investmentwürdig beurteilt werden. Sie sind als Junk eingestuft, also nicht als Investment geeignet. Hierbei handelt es sich um die Firmen Deutsche Lufthansa, Kali und Salz, Thyssen und Fresenius Medical Care. Bei Anleihen, die in diese Kategorie fallen, gibt es nach Angaben von Moody's mit einer Wahrscheinlichkeit von 40 Prozent in den nächsten 20 Jahren einen Zahlungsausfall. Wahrscheinlich werden also zwei dieser vier

Firmen in 20 Jahren pleite sein. Ein großer Name allein reicht nicht, um finanziell auf Dauer erfolgreich zu sein.

Je höher der Zins, desto unsicherer die Rückzahlung

Je schlechter die Benotung einer Firma, desto höher ist in der Regel die Verzinsung der Anleihe. Das Risiko, dass man eventuell sein Geld am Ende der Laufzeit nicht mehr zurückbekommt, muss durch einen höheren Zins ausgeglichen werden. In den Achtzigerjahren des letzten Jahrhunderts wurde es modern, mit schlecht benoteten Anleihen Projekte zu finanzieren, die sonst keinen Zugang zum Kapitalmarkt gefunden hätten.

Die Junk-Bond-Welle

Es wurden Junk-Bond-Fonds für nicht investmentwürdige Anleihen aufgelegt, um Kapital zu sammeln. Das Argument beim Vertrieb dieser Fonds lautete: Die Junk Bonds zahlen acht Prozent mehr als Staatsanleihen. Selbst beim Ausfall von fünf Prozent der Anleihen liegt der Gesamtertrag immer noch deutlich höher als der einer Staatsanleihe. Klingt vernünftig. Wenn fünf Prozent der Firmen pleitegehen, zahlen die anderen dann immer noch so viel mehr, dass es sich bei einer Streuung über mehrere solcher Ramschanleihen dennoch lohnt, in sie zu investieren. Eine Firma, die untrennbar mit diesem Junk-Bond-Boom verbunden ist, war Drexel Burnham Lambert und ihre herausragende Persönlichkeit Michael Milken. Es entstand eine wahre Junk-Bond-Manie. Es schien eine sichere Methode gefunden zu sein, den Zinsertrag zu erhöhen.

Der große Rechenfehler

Mir schien dieses Gedankengebäude schon damals suspekt. In einem meiner ersten längeren Beiträge für die *Wirtschaftswoche* schrieb ich damals den Artikel „Junk-Bonds: Der große Rechenfehler". In dieser Arbeit wies ich darauf hin, dass die Emittenten zwar das momentane

Ausfallrisiko korrekt berechnet, aber dabei vernachlässigt hatten, dass dieses Ausfallrisiko von fünf Prozent keine fixe Größe, sondern eine Variable der Zeit ist. Diese fünf Prozent steigen nämlich im Laufe der Jahre deutlich an. Bei einem unsicheren Schuldner mag das Risiko, dass er im ersten Jahr schon insolvent wird, bei fünf Prozent liegen. Doch zehn Jahre nach der Emission wird die Ausfallrate wesentlich höher sein. So steigt zum Beispiel die kumulierte Ausfallrate einer nicht als Investment geeigneten Anleihe mit der Benotung Ba im Laufe der Jahre an. So werden statistisch gesehen nach fünf Jahren zehn Prozent der mit Ba benoteten Papiere nicht mehr bedient, nach zehn Jahren betragen die Ausfälle schon 20 Prozent, nach 15 Jahren 30 Prozent und nach 20 Jahren 40 Prozent. Ich wies deshalb am Ende der Story darauf hin, dass wegen der zeitlichen Variabilität dieses Ausfallrisikos die Argumentation für die Junk Bonds in sich zusammenfallen würde.

Einige Zeit später kam es tatsächlich zu riesigen Pleitewellen und viele Anleger verloren ihren gesamten Einsatz. Michael Milken kam ins Gefängnis, weil einige Unregelmäßigkeiten in seinem Geschäftsgebaren aufgefallen waren. Danach waren Ramschanleihen für viele Jahrzehnte nicht mehr salonfähig.

Man kann den Zinsertrag nicht steigern!

Als Moral von dieser Geschichte kann man herausziehen, dass man den Zinsertrag auf Dauer nicht über die Rendite einer Staatsanleihe steigern kann. Der Markt preist eine Anleihe genau so, dass sich der höhere Zins mit dem Ausfallrisiko ausgleicht. Nehmen wir an, der Zins für eine zehnjährige Bundesanleihe liegt aktuell bei einem Prozent. Nun bietet beispielsweise eine Mittelstandsanleihe einen Zins von fünf Prozent auf zehn Jahre. Mit der Bundesanleihe erhalte ich nach zehn Jahren inklusive der inzwischen geleisteten Zinszahlungen 110 Euro zurück, wenn ich 100 Euro investiert habe. Bei der Anleihe von dem Emittenten XY mit dem fünfprozentigen Kupon erhalte ich, wenn es gut geht, 150 Euro. Daraus kann ich direkt schließen, dass die Wahrscheinlichkeit, mein Geld nicht wiederzusehen, bei 27 Prozent liegt. Statistisch habe ich nämlich, wenn ich in diese fünfprozentige Anleihe investiere, nach zehn Jahren ebenfalls 110 Euro. Diese 110 Euro ergeben sich aus den erhofften 150 Euro multipliziert mit der Wahrscheinlichkeit, das Geld wiederzubekommen, von 73 Prozent.

Der Einzelfall kann davon abweichen. Die Firma entwickelt sich möglicherweise gut und sie bezahlt die Zinsen und nach zehn Jahren den Einsatz zurück, dann habe ich 150 Euro statt 110 Euro. Aber es kann eben auch anders kommen und die Firma sieht sich nicht in der Lage, ihren Verpflichtungen nachzukommen. Diese Wahrscheinlichkeit beträgt 27 Prozent. Den Markt kann man nicht überlisten. Der Markt ist in sich so gepreist, dass man mit einem höheren Zins auf Dauer keinen höheren Ertrag erwirtschaftet, vielleicht einmal ja, vielleicht einmal nein, aber im Mittel eben nicht. Ich bekomme statistisch nicht mehr als die 110 Euro der Bundesanleihe. Das ist der Marktzins. Alles andere ist mit einem höheren Risiko und somit einer höheren Ausfallwahrscheinlichkeit verbunden.

Wenn ich zur Streuung zehn Anleihen mit einem Kupon von fünf Prozent von zehn verschiedenen Emittenten wähle, damit mich der Ausfall einer Firma nicht gleich um mein gesamtes Kapital bringt, dann werden von diesen zehn Firmen sieben pünktlich zahlen und ich bekomme am Ende der Laufzeit meinen Einsatz zurück, und drei münden im Bankrott. Es gibt keinen cleveren Umweg. Der Marktzins, den die deutsche Bundesanleihe vorgibt, lässt sich statistisch nicht erhöhen. Der Einzelfall kann gut gehen, aber im Mittel lässt sich der Ertrag auf Dauer nicht steigern.

Wertpapiere in einem Depot sind bei einer Pleite der Bank nicht unbedingt sicher

Eine Frage, die sich dabei jedoch stellt, lautet, ob mein Wertpapierdepot mit Anleihen oder Aktien bei einer Bank in einer Krise sicher ist. Auch hierzu gibt es mehrere juristische Meinungen. Es steht zwar explizit auf der Seite des Finanzministeriums, dass Wertpapiere von einer etwaigen Bankenpleite nicht betroffen sind, da sie nicht zum Eigentum der Bank gehören, sondern nur von der Bank für den Inhaber verwaltet werden.

Dennoch steht zum Beispiel in den Geschäftsbedingungen der Deutschen Bank: „Ist die Bank pflichtwidrig außer Stande, Wertpapiere des Kunden zurückzugeben, so besteht neben der Haftung der Bank im Entschädigungsfall ein Entschädigungsanspruch gegen die Entschädigungseinrichtung deutscher Banken GmbH. Der Anspruch gegen die Entschädigungseinrichtung ist der Höhe nach begrenzt auf 90 Prozent des Wertes dieser Wertpapiere, maximal jedoch auf den Gegenwert von 20.000 Euro." Es muss also tatsächlich der Fall möglich sein, dass sich eine Bank pflichtwidrig außerstande sehen kann, die Wertpapiere, also auch die Aktien, zurückzugeben. Sonst stünde dieser Passus nicht in den Geschäftsbedingungen.

Wirklich sicher sind Bundesanleihen nur bei der Finanzagentur der Bundesrepublik Deutschland

Bei der Bundeswertpapierverwaltung, die im Jahr 2006 in der Finanzagentur der Bundesrepublik Deutschland aufgegangen ist, kann man allerdings seit dem Jahr 2013 keine Wertpapiere mehr kaufen. Man kann nur noch die vor dem August 2012 emittierten und bei einer Bank auch danach gekauften Bundesanleihen dorthin übertragen lassen. Die Eröffnung eines sogenannten Schuldbuchkontos geschieht seit dem Jahr 2013 ausschließlich automatisch bei der Übertragung von Bundeswertpapieren zur Finanzagentur. Man muss sich vorher die Unterlagen zur Kontoeröffnung von der Finanzagentur in Frankfurt schicken lassen und ausfüllen. Dort scheinen die Anleihen bestens geschützt, direkt unter der Aufsicht des deutschen Staates, sogar im Falle einer großflächigen Bankenpleite. Eine deutsche Bundesanleihe ist eine Forderung an den Staat, gleichrangig einem Rentenanspruch. Man muss sie als das Sicherste bewerten, das es gibt. Einschränkend muss man hinzufügen: bei der momentanen Rechtslage. Wenn eine andere Gruppierung mit einer Mehrheit im Parlament an die Regierung kommt, wie zum Beispiel die Sozialisten in Griechenland, kann schnell der Fall eintreten, dass die Regierung sagt: Wir zahlen unsere Schulden nicht zurück.

IST DIE HOHE STAATS-VERSCHULDUNG EIN PROBLEM?

Der Punkt, der am drängendsten scheint, die meisten Anleger verängstigt und auch im Jahr 2011 beinahe zu einem Kollaps des Finanzsystems sowie einem Auseinanderbrechen des Euro geführt hätte, ist die Höhe der Staatsverschuldung der peripheren Euroländer. Wenn man sich die Verschuldung der einzelnen Staaten anschaut und vor allem den Zuwachs der Verschuldung in den letzten Jahren, wird einem schnell klar, dass dies nicht auf Dauer gut gehen kann. Wie sollen die Schulden jemals zurückgezahlt werden? Und statt weniger werden sie immer mehr. War Italien während der Eurokrise im Jahr 2011 noch mit 125 Prozent des Bruttoinlandsprodukts verschuldet, sind es mittlerweile 138 Prozent. Doch ist das wirklich ein Problem? Und wenn ja, wann?

Wie sieht es global aus?

Die weltweite Gesamtverschuldung konnte schätzungsweise von 87 Billionen im Jahr 2000 auf 200 Billionen im Jahr 2014 angestiegen sein. Der Bankrott der Welt stehe deshalb unmittelbar bevor, wurde ob dieser

Zahlen in einer Zeitschrift postuliert. Doch solange ich zurückdenken kann, höre ich die Leier, dass die Schulden viel zu hoch seien und der Zusammenbruch bevorstehe. Im Jahr 1987 wurde der berühmte Crash dem zuvor schon viel diskutierten Zwillingsdefizit, dem Handelsbilanz- und dem Haushaltsdefizit der USA, in die Schuhe geschoben. Trotzdem ging es die nächsten fast 30 Jahre gut und heute sind die Schulden um ein Vielfaches höher. Übersehen wird dabei immer, dass Schulden und Guthaben jederzeit exakt gleich hoch sind, da jedes Guthaben die Forderung an jemand anderen darstellt. Deshalb haben wir es nicht nur mit einer Schulden-, sondern auch mit einer Wohlstandsexplosion zu tun. Die Menschen sind in den letzten Jahren somit unglaublich reich geworden. Ihr Vermögen hat sich in 14 Jahren um 113 Billionen Dollar vermehrt. Und es sind nicht nur die Milliardäre, deren Reichtum explodiert ist. Es sind weltweit immer mehr Menschen der Armut entkommen. In China ist in diesem Zeitraum eine Mittelschicht entstanden. Die Zahl der zugelassenen Autos hat sich dort mehr als verzehnfacht, auf über 100 Millionen Fahrzeuge.

Zu jedem Zeitpunkt in der Geschichte waren die Guthaben exakt so groß wie die Schulden

Deshalb war ein Bankrott, ein Zusammenbruch des Finanzsystems oder eine Schuldenkrise an jedem einzelnen Tag der letzten 50 Jahre exakt genauso wahrscheinlich wie heute. Die Gefahr einer Krise durch die hohe Staatsverschuldung wird deshalb aus meiner Sicht übertrieben dargestellt. Zugegeben, auf den ersten Blick sieht der Anstieg der Schulden beängstigend aus.

Die Entwicklung der Schulden der USA sieht auf den ersten Blick dramatisch aus

Wenn man sich zum Beispiel die Entwicklung der amerikanischen Staatsverschuldung anschaut, erkennt man den typischen Verlauf einer e-Funktion, die einer geometrischen Reihe entspricht.

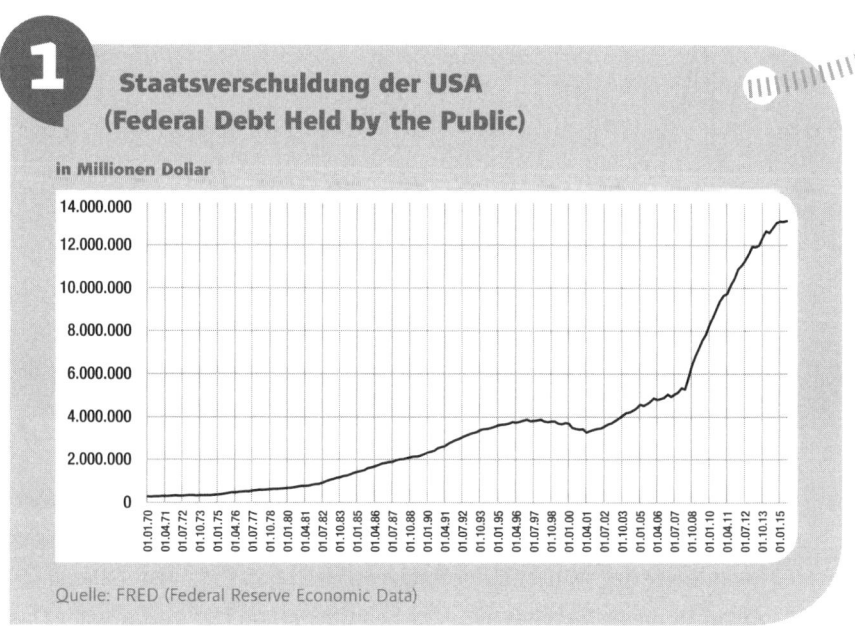

1 Staatsverschuldung der USA (Federal Debt Held by the Public)

in Millionen Dollar

Quelle: FRED (Federal Reserve Economic Data)

Der Schuldenstand hat sich von 280 Milliarden Dollar im Jahr 1970 auf über 13 Billionen Dollar im Jahr 2015 erhöht. Dies entspricht einem Anstieg auf das 46-Fache mit einer durchschnittlichen Rate von 8,7 Prozent pro Jahr. Jedoch hat sich in dieser Zeit auch das Bruttoinlandsprodukt der Amerikaner stark vermehrt. Es stieg von einer Billion auf 17 Billionen. Ein Großteil dieser Vermehrung geht auf das Konto steigender Preise. Inflationsbereinigt ist es nur auf das 3,4-Fache von 1970 gestiegen. So sieht der Schuldenstand gemessen am Bruttoinlandsprodukt auch gar nicht mehr so dramatisch aus:

Gemessen am Bruttoinlandsprodukt relativiert sich der Anstieg

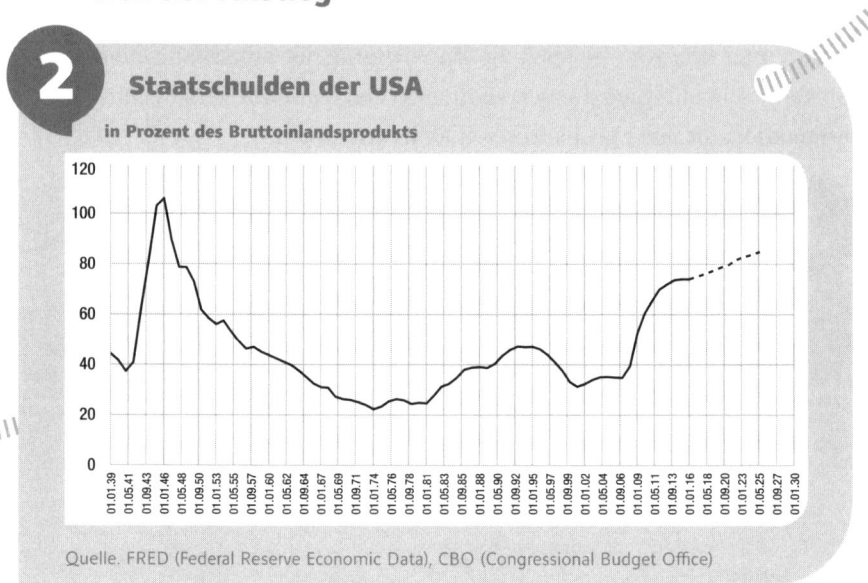

2 Staatschulden der USA

in Prozent des Bruttoinlandsprodukts

Quelle. FRED (Federal Reserve Economic Data), CBO (Congressional Budget Office)

Am Ende des Jahres 2015 lag der Schuldenstand des amerikanischen Staates bei 75 Prozent des Bruttoinlandsprodukts. Besonders fällt der rasante Anstieg während der Regierungszeit von Präsident Obama ins Auge. In dieser Zeit hat sich der Schuldenstand fast verdoppelt. Das heißt, die Administration von Präsident Obama hat fast so viel Schulden aufgenommen wie vorher alle 43 Präsidenten in der 240-jährigen Geschichte der USA zusammengenommen. Allerdings muss man zu seiner Entschuldigung hinzufügen, dass in diese Zeit die große Rezession mit der Finanzkrise fiel. In dieser Zeit hat Präsident Obama versucht, durch zusätzliche Ausgaben die Wirtschaft in Schwung zu halten. Dennoch erkennt man, dass es sich bei den 75 Prozent Ende 2015 um keinen dramatischen Schuldenstand handelt.

In den nächsten zehn Jahren wird diese Quote nach Angaben des Congressional Budget Office vermutlich auf 85 Prozent ansteigen. Die 100-Prozent-Marke wird neuesten Schätzungen zufolge erst nach dem

Jahr 2032 erreicht werden. Das heißt, man muss sich keine Sorgen machen, dass die Amerikaner eines Tages nicht mehr zahlen können oder dass Anleihen des amerikanischen Staates wertlos werden. Es bleibt also im Falle einer Krise immer der sichere Hafen der amerikanischen Staatsanleihen. Ein Ausfallrisiko hat man bei diesen sogenannten US-Treasury-Bonds nicht. Man bekommt die Papiere in jedem Fall zu 100 zurück.

Kein Rückzahlungsrisiko bei US-Staatsanleihen, nur möglicher Kaufkraftverlust

Das Risiko, dass die amerikanische Staatsanleihen beinhalten, ist der Kaufkraftverlust bei Inflation. Bei einer steigenden Inflationsrate steigen in der Regel auch die Anleiherenditen, da der Käufer einer Anleihe zum Ende der Laufzeit einen realen Kaufkraftgewinn erzielen möchte. Wenn dies nicht möglich scheint, unterlässt er die Investition. Für ihn macht es keinen Sinn, nachher weniger Kaufkraft in den Händen zu halten. Je länger die Laufzeit der Anleihe, desto empfindlicher reagiert sie auf Zinsänderungen.

Wenn die Rendite eines zehnjährigen Bonds von jetzt zwei Prozent auf drei Prozent steigen sollte, erhält derjenige, der jetzt schon gekauft hat, zehn Jahre lang ein Prozent weniger als derjenige, der erst bei einer Rendite von drei Prozent eingestiegen ist. Deshalb verliert die zehnjährige zweiprozentige Anleihe bei einem Zinsanstieg von zwei Prozent auf drei Prozent etwa zehn Prozent ihres Wertes.

Bei einer 30-jährigen Anleihe summiert sich dieser Verlust auf 30 Prozent. Umgekehrt kann diese länger laufende Anleihe mit dem höheren Hebel natürlich in einer Zeit mit sinkenden Zinsen überdurchschnittlich profitieren. Wenn man beim Kauf einer amerikanischen Staatsanleihe sein Geld nur in Sicherheit wissen will, ohne auf sinkende Zinsen zu spekulieren, sollte man eine Anleihe mit einer kurzen Restlaufzeit wählen. Bei zwei bis drei Jahren Restlaufzeit fallen Zinsveränderungen während der Laufzeit nicht so sehr ins Gewicht.

Im Notfall hilft die Notenbank

Das amerikanische Federal Reserve System, kurz Fed genannt, das der Europäischen Zentralbank in Frankfurt in Europa entspricht, hat die Aufgabe, das Bankensystem mit Geld zu versorgen. Hierbei fungiert die Notenbank als sogenannter „lender of last resort", als „Kreditgeber letzter Instanz". Das Geld, das Kunden bei einer Bank auf ihr Konto einzahlen, liegt ja in Wirklichkeit nicht auf dem Konto, obwohl die Zahlen auf dem Kontoauszug diesen Eindruck vermitteln.

Das Geschäft der Bank ist, dass sie dieses Geld an Kreditnehmer verleiht, zum Beispiel an Häuslebauer oder Industrieunternehmen. Dabei kassiert sie mehr Zinsen von demjenigen, dem sie das Geld leiht, als sie dem Kontoinhaber gutschreibt. Von dieser Differenz lebt die Bank. Wenn aus irgendeinem Grund plötzlich alle Kunden ihr Geld von ihrem Konto abheben möchten, kann die Bank diesen Wünschen nicht nachkommen. Sie hat das Geld zum Teil langfristig verliehen und kann es so schnell nicht zurückbekommen. In diesem Fall, dem „bank run", wäre die Bank pleite, weil sie den Kunden ihr Geld nicht zurückgeben kann. Für diesen Notfall steht die Notenbank zur Verfügung.

Die Notenbank hilft mit Liquidität aus

Sie kann einem Kreditinstitut gegen die Sicherheit der Forderungen, die das Kreditinstitut an Kreditnehmer hat, zur Not ungeprüft, Geld in unbegrenzter Höhe zur Verfügung stellen, damit die Bank ihren Verpflichtungen nachkommen kann. Diese Funktion des Rettungsankers in der Not muss die Notenbank auch gegenüber dem Staat ausüben. Wenn eines Tages urplötzlich niemand mehr dem Staat Geld leihen möchte, muss ebenfalls die Notenbank einspringen. Der Staat hat hoheitliche Aufgaben zu erfüllen, muss Gehälter und Renten auszahlen und die öffentliche Versorgung aufrechterhalten. Dann muss die Notenbank Staatsanleihen kaufen und damit dem Staat Geld leihen.

Diese Möglichkeit muss bestehen, sonst funktioniert ein Finanzsystem nicht. Die Notenbank muss gewissermaßen Staatsschulden in Bargeld umwandeln können. Die amerikanische Notenbank Fed kann dies und hat in den letzten Jahren rege von der Möglichkeit, Staatsschulden in Bargeld umzutauschen, Gebrauch gemacht, um die Wirtschaft anzukurbeln.

Solange die Notenbank Staatsanleihen in Bargeld umtauscht, ist die Höhe der Schulden egal

So gesehen ist die Höhe der Staatsschulden vollkommen unerheblich. Das Argument, die Schulden sind ja so hoch, die können nicht zurückgezahlt werden, greift nicht. Staatsschulden müssen nicht zurückgezahlt werden. Bargeld wird auch nie zurückgezahlt. Die Menschen vertrauen darauf, dass sie sich mit einem Geldschein alles werden kaufen können. Im Grunde gehört ja schon ganz schön viel Fantasie dazu, einem bedruckten Stückchen Papier eine solche Bedeutung und solch einen Wert beizumessen. Wenn jedoch alle Menschen an diese Vereinbarung glauben, dass ein bedrucktes Stück Papier diesen Wert besitzt, kann man sich für solche Fetzen bedrucktes Papier sogar ein Auto, ein Haus oder was immer einem gefällt, kaufen. Geld hat nur Wert, weil die Menschen denken, es habe Wert. Da die Staatsschulden von der Notenbank in Bargeld umgetauscht werden können, besitzen die Staatsschulden den gleichen Wert wie Bargeld. Und dies auch nur, weil alle Menschen glauben, dass Bargeld einen Wert darstellt. Genauso ist es mit Gold. Dieses Metall besitzt auch keinen Wert an sich. Es ist nur dadurch etwas wert, dass die Menschen glauben, es habe einen Wert. Ich komme später noch ausführlich auf das Gold zurück. Eine Staatsschuldenkrise kann man also für die USA grundsätzlich ausschließen.

5 DER SPEZIALFALL EUROPA

Leider kann man das für Europa nicht sagen, da die oben genannten Punkte nicht eins zu eins auf Europa zu übertragen sind. Eine Notenbank muss, um eine funktionierende Währung zu gewährleisten, die Möglichkeit haben, Staatsanleihen des Landes oder der betreffenden Länder zu kaufen. Für die Europäische Zentralbank war diese Möglichkeit ursprünglich nicht vorgesehen. Als im Jahr 2011 während der Bankenkrise Banken mit Staatsgeld gerettet werden mussten, schwoll die Staatsverschuldung vieler Länder dramatisch an. In einigen Ländern trauten die Anleger dem Staat nicht mehr zu, ihre Schulden zu bedienen oder gar zurückzuzahlen. Panikartig wurden italienische, portugiesische und irische Anleihen verkauft. Die Rendite italienischer Anleihen schoss auf sieben Prozent hoch. Wäre das so geblieben, hätte dies das Ende des Euro bedeutet. Die Italiener hätten ihre Schulden bei diesem absurd hohen Zinssatz nicht mehr bedienen können.

Durch das beherzte Eingreifen von Mario Draghi ging diese Eurokrise glimpflich vorüber. Sie war erst genau in der Minute beendet, als Mario Draghi in London die erlösenden Worte sprach: „Whatever it takes!" Er brauchte gar nicht einzugreifen und in größerem Stil italienische Anleihen zu kaufen, denn allein die Gewissheit, dass die europäische Notenbank hinter den Anleihen der europäischen Länder stehen würde, schuf genügend Vertrauen und die Zinsen sanken nach und nach auf zwei Prozent, auch in den Staaten der Peripherie. Nun könnte man meinen, Gefahr erkannt, Gefahr gebannt. Doch ein Problem bleibt. Wenn die Europäische Zentralbank im größeren Stil Staatsanleihen der europäischen Länder kauft, wird der Euro irreversibel.

Während die amerikanische und japanische Notenbank keinerlei Bedenken haben werden, im Notfall in beliebiger Höhe Staatsanleihen ihrer Länder in Bargeld umzutauschen, sind der Europäischen Zentralbank die Hände gebunden. Wir befinden uns in einer typischen „Catch 22"-Situation. Der Euro kann auf Dauer nur funktionieren, wenn er vom Ansatz her irreversibel ist. Das heißt dann, wenn nicht unterschieden wird, welche Staatsanleihen aus welchem Land von der Notenbank aufgekauft werden können. Diese Situation wollen einige Länder, hauptsächlich Deutschland, aber unter allen Umständen vermeiden.

Deutschland kann nicht für die Schulden anderer Länder haften

Wenn nämlich der Euro dann trotzdem auseinanderbrechen würde, säßen wir anteilig auf den Schulden der Italiener. So groß ist die innereuropäische Freundschaft dann doch nicht, dass wir deren Schulden übernehmen würden. Von unserem Grundgesetz wäre dies auch nicht gedeckt. Der Euro funktioniert aber nur, wenn wir im Notfall die Schulden der Italiener übernehmen. Doch dazu wird es nicht kommen und wir werden sie nicht übernehmen müssen.

Die Konstruktion des Euro ist nämlich darauf ausgelegt, dass wir keine Schulden von anderen Ländern werden übernehmen müssen. So sind auch alle Bestrebungen der Deutschen Bundesbank bisher darauf gerichtet, den Euro reversibel zu halten. Sie ist gesetzlich verpflichtet, dafür zu sorgen, dass im Falle eines Auseinanderbrechens des Euro ein weiteres Funktionieren des deutschen Wirtschaftssystems gewährleistet ist. Deshalb wird es nach momentaner Rechtslage nicht möglich sein, im Falle einer Krise eines europäischen Landes, Anleihen dieses Landes in beliebiger Höhe zu kaufen. Aus meiner Sicht wäre deshalb der Euro langfristig zum Scheitern verurteilt. Er würde nur funktionieren, wenn eine gemeinsame Haftung für europäische Schulden eingeführt würde. Doch diese Vorstellung ist utopisch.

Keine Regierung würde das weitere finanzielle Wohlergehen der Bundesrepublik davon abhängig machen, welche Regierung in Frankreich, Italien oder Spanien gewählt wird und ob diese vielleicht beschließen, ihre Schulden und ihren Anteil an den europäischen Schulden nicht mehr zurückzuzahlen. Deshalb könnte bei allen Überlegungen zu zukünftigen Krisen der Euro der Schwachpunkt sein.

Der Ausweg

Doch scheint sich die Europäische Zentralbank ein Hintertürchen geschaffen zu haben, um dieses bisher unlösbare Problem zu beseitigen. Wie im März des Jahres 2016 bekannt wurde, hat die Europäische Zentralbank mit den Notenbanken der einzelnen am Euro beteiligten Mitgliedsländer ein Geheimabkommen geschlossen. Dieses ANFA – Agreement on Net Financial Assets – sieht vor, dass die Notenbanken der einzelnen Länder durch den Ankauf von Staatsanleihen ihrer jeweiligen Regierungen auf eigene Faust Geld in großer Menge schöpfen können. So ist es ihnen möglich, mit dem neu geschaffenen Geld von der Pleite bedrohten Kreditinstituten unter die Arme zu greifen, die nicht mehr mit Steuergeldern gerettet werden dürfen.

Angeblich hätten die während der Finanzkrise im Jahr 2008 von der irischen Regierung zur Bankenrettung übernommenen Garantien für uneinbringbare Forderungen der Anglo Irish Bank bei Fälligkeit im Jahr 2013 Irland in den Bankrott getrieben. Irland löste das Problem, indem es Staatsanleihen für 28 Milliarden Euro mit einer Laufzeit von 40 Jahren an den Markt brachte, die die irische Notenbank, die Central

Bank of Ireland, mit frisch geschaffenem Geld aufkaufte. Genau genommen müssen auch so die Steuerzahler für die Pleite der Anglo Irish Bank zahlen, aber mit einer 40-jährigen Zeitverzögerung. Eigentlich stellt das kein Problem dar.

Es muss die Möglichkeit existieren, dass im Notfall einem Staat Liquidität in unbegrenzter Höhe von der Notenbank zur Verfügung gestellt wird. Die 28 Milliarden an irischen Staatsanleihen, die für die nächsten 40 Jahre in der Bilanz der irischen Notenbank schlummern, stören eigentlich nicht. Wenn in 40 Jahren die Anleihen fällig werden, gibt der irische Staat neue Anleihen in gleicher Größenordnung heraus, die die irische Zentralbank dann erneut kauft. So kann dieser Posten tatsächlich bis in alle Ewigkeit vor sich hergeschoben werden. Ein Problem taucht nur auf, wenn der Euro auseinanderbricht.

Dazu muss man einen Blick auf die Zentralbankbilanz werfen. Die linke Seite der Bilanz besteht vereinfacht gesagt aus Währungsreserven, Gold und Wertpapieren, ähnlich wie bei jedem Privatdepot. Zu den Passiva, der rechten Seite der Bilanz, gehören der Bargeldumlauf und die Zentralbankguthaben der Geschäftsbanken. Kauft die Zentralbank Staatsanleihen, ändern sich beide Seiten der Bilanz in gleicher Höhe. Auf der Seite der Guthaben tauchen dann die Anleihen auf und auf der Seite der Verbindlichkeiten entsprechend höhere Zentralbankguthaben der Banken, von denen die Zentralbank die Anleihen gekauft hat. So weit ist bei einem Anleihekauf der Zentralbank nichts passiert, es fand nur ein Anlagetausch statt. Statt Staatsanleihen hat die verkaufende Bank nun Zentralbankguthaben in gleicher Höhe.

Nehmen wir nun an, Irland führt das Pfund wieder ein. Dann bleiben die Verbindlichkeiten der Zentralbank gegenüber den Geschäftsbanken in Euro bestehen, die irischen Staatsanleihen notieren dann vermutlich in Irischen Pfund. Fällt das Pfund gegen den Euro, klafft ein Loch in der Bilanz. Es sei denn, Guthaben der Geschäftsbanken bei der Zentralbank werden ebenfalls in Irische Pfund umgewandelt.

Das ANFA-Abkommen löst das italienische Schuldenproblem

Durch das ANFA-Abkommen spielt auch die Höhe der italienischen Staatsschulden keine Rolle mehr. Die Banca d'Italia kann so nun italienische Staatsanleihen kaufen und sie beliebig lange in ihrer Bilanz liegen lassen. Mit der ANFA-Regelung wurde dies über ein Hintertürchen eingeführt. Wenn nun irgendein Spaßvogel auf die Idee käme, gegen dieses geheime Abkommen zu klagen, weil es ein wenig nach der verbotenen Staatsfinanzierung mithilfe der Notenpresse riecht, und damit durchkäme, wäre natürlich Holland in Not, das heißt, Italien in Not.

Ohne die Möglichkeit der Europäischen Zentralbank oder der Banca d'Italia, italienische Staatsanleihen zu kaufen, würden die italienischen Anleihekurse abstürzen wie im Sommer, bevor Mario Draghi den erlösenden Satz formulierte, mit dem er Anleihekäufe der EZB ankündigte. Ganz konform mit den Verträgen zur Einführung des Euro wird das ANFA-Geheimabkommen nicht sein, sonst wäre es wohl nicht geheim gehalten worden. Dennoch scheint damit ein Weg gefunden zu sein, der ein Überleben des Euro sichern könnte. Eine Schuldenkrise muss also nicht zwangsläufig den Euro zerreißen. Der Schuldenstand Italiens kann auf 150, 160 oder 180 Prozent anwachsen, ohne dass die Anleger in Panik ihre Anleihen verkaufen, solange gewiss ist, dass im Notfall die Europäische Zentralbank oder die Banca d'Italia einspringen würden.

An den japanischen Staatsanleihen zweifelt auch niemand, obwohl Japan eine Staatsschuld in Höhe von 250 Prozent des Bruttoinlandsprodukts vor sich herschiebt. Im Zweifelsfall kauft die japanische Notenbank Staatsanleihen in beliebiger Höhe auf. Solange die Europäische Zentralbank und die nationalen Notenbanken Anleihen in unbegrenzter Höhe kaufen können, muss der Euro nicht auseinanderbrechen. Auch die Höhe der Staatsverschuldung führt nicht zwingend zu einem unsanften Ende. Die von der Central Bank of Ireland erworbenen irischen Staatsanleihen und auch die möglicherweise bald von der Banca d'Italia gekauften Papiere können bis in alle Ewigkeit in ihren Bilanzen verbleiben. Viele fürchten, der gigantische Schuldenberg, den die Staaten aufgehäuft haben, müsse zwingend eines Tages über uns kollabieren. Das ist nicht der Fall. Ein an die Wand gemalter Zusammenbruch des Finanzsystems muss nicht stattfinden.

Staatsschulden stellen also kein unüberwindliches Problem dar. Sie können im Zweifelsfall immer mit der Notenpresse getilgt werden, zumindest in den Ländern, die in ihrer eigenen Währung verschuldet sind, wie den USA. Für Euroland gilt das bei momentaner Rechtslage nicht uneingeschränkt. Doch wenn zum Beispiel Italien ins Straucheln gerät, wird über die geltenden Gesetze hinweggesehen oder sie werden eilig geändert. Die Gefahr droht eher von verschuldeten Unternehmen, vor allem in China. Dort hat sich der Schuldenstand in zehn Jahren verdoppelt. Die Verbindlichkeiten der Unternehmen betragen mittlerweile 200 Prozent des Bruttoinlandsprodukts, während in Deutschland und den USA etwa Werte von 50 Prozent erreicht werden.

Doch kann der Euro auch ohne Staatsschuldenkrise auseinanderbrechen. Ein Land kann beschließen, den Euroraum zu verlassen. Wenn zum Beispiel Italien Beppe Grillo wählt und der will aus dem Euro aussteigen – was sehr unwahrscheinlich ist –, stehen wir vor einer Krise, vor der kein Börsenindikator und kein Modell vorher hätte warnen können.

WAS IST, WENN DER EURO ZERBRICHT?

Nehmen wir an, Italien möchte aus dem Euro aussteigen, was passiert dann? Wenn Italien die Lira einführt und diese voraussichtlich auf die Hälfte ihres Einführungskurses fällt, bleiben die Schulden Italiens trotzdem weiter in Euro bestehen. Das heißt, in Lire gerechnet wären sie doppelt so hoch wie vorher und damit nicht mehr zu bedienen. Da sich ein Großteil der Staatsanleihen Italiens im Besitz von Banken befindet, müssten diese Abschreibungen auf die italienischen Staatspapiere vornehmen, die das jeweilige Eigenkapital weit übersteigen würden. Das europäische Bankensystem würde sofort zusammenbrechen. Die für diesen Fall richtige Anlage wären deutsche Bundesanleihen, amerikanische Staatsanleihen oder Banknoten oder Gold im Schließfach.

Die nukleare Option

Wahrscheinlich scheint mir dieses Szenario nicht. Selbst wenn Beppe Grillo, um gewählt zu werden, mit einem Ausstieg aus dem Euro liebäugelt, wird er nach seiner möglichen Wahl letztlich davor zurückschrecken.

Man kann es durchaus als nukleare Option bezeichnen, mit der gedroht werden kann, die aber niemals zum Einsatz kommen wird. Beim Euro ist es wie mit der Zugehörigkeit zur Mafia, lebend kommt man da nicht mehr raus.

Das Schreckensszenario

Doch gehen wir einmal im Einzelnen durch, wie das Ende des Euro explizit aussehen könnte. Wie liefe der letzte Akt konkret ab? Wenn beispielsweise Italien aus dem Euroraum ausscheiden möchte, wird es die Lira wieder einführen. Dazu würden dann an einem Stichtag alle Bankguthaben und Verbindlichkeiten auf Lire umgestellt. Als Umrechnungskurs würde der Einfachheit halber eine Lira gleich einem Euro festgesetzt. Damit würde sich die Guthabenhöhe nicht ändern, sondern nur die Währung. Über Italien hat die italienische Regierung die Gesetzgebungshoheit inne. Dort kann sie bestimmen, dass eine Forderung in Euro in eine Forderung in Lire umgewandelt wird. Verbindlichkeiten gegenüber dem Ausland können nicht einfach „umgerubelt" werden. Ein nicht-italienischer Besitzer italienischer Anleihen, der beispielsweise in London wohnt, besitzt weiterhin eine Forderung in Euro gegen den italienischen Staat.

Wenn die neue Lira gegen den Euro fällt, steigt damit die Menge an Lire, die der italienische Staat aufbringen muss, um die Zinsen und die Rückzahlung für diese Anleihe in Euro zu leisten. Neben einem ausgehandelten Schuldenverzicht mit den Gläubigern bliebe nur die Möglichkeit, dass die Banca d'Italia große Mengen Lire druckt, mit denen dann, in Euro getauscht, die Schulden beglichen werden könnten. Durch eine Ausweitung des Lire-Angebots würde der Kurs der Lira noch weiter fallen. Eine Spirale, aus der Italien nicht herausfände.

Ein Happy End lässt sich für dieses Szenario nicht finden. Einfach zu sagen, wir zahlen unsere Schulden nicht zurück, wird nicht möglich sein. Selbst Argentinien musste nach Jahrzehnten klein beigeben und versuchen, einen Teil seiner nicht bezahlten Schulden zu begleichen. Ein geregelter Handel mit Italien könnte nicht mehr stattfinden, da ausländische Banken keine Geschäfte mehr mit Italien durchführen könnten. Das Gleiche gälte für Forderungen in Euro von Ausländern an italienische Firmen. Unternehmen könnten ihre Verbindlichkeiten ausländischen Gläubigern gegenüber nicht mit Lire ablösen und ihre inländischen Guthaben wären ja auf Lire umgestellt. Auch sie könnten keine Geschäfte mit dem Ausland mehr durchführen. Ferner gäbe es bei der Umstellung Probleme.

Bekommt ein Italiener in Deutschland Lire oder behält er seine Euro?

Werden die Euro eines italienischen Kontoinhabers auf einer Bank in Deutschland auf Lire umgestellt? Da die italienische Regierung nur Verfügungsgewalt über das eigene Hoheitsgebiet besitzt, kann sie nur anordnen, was mit den Bankkonten passiert, die der italienischen Gerichtsbarkeit unterliegen. Somit werden Konten von Italienern bei deutschen Banken nicht umgestellt. Deshalb wird es im Vorfeld einer etwaigen Umstellung zu einer massiven Kapitalflucht kommen. Italienische Euro werden in großer Zahl auf deutsche Konten überwiesen werden. Wie sieht es mit einem Deutschen in Italien aus? Wird er Lire ausgezahlt bekommen? Ja. Ein Konto bei einer italienischen Bank in Italien wird auf Lire umgestellt.

Auch deutsche Banken werden eine neue Währung in Italien nicht unbeschadet überstehen

Deutsche Banken besitzen in einem nicht unerheblichen Umfang Forderungen gegen italienische Firmen, den italienischen Staat und Privatpersonen. Da diese nicht in voller Höhe in Euro zurückbezahlt werden, müssen die Banken auf die Forderungen Abschreibungen vornehmen oder Guthaben von Inländern zu einem kleinen Teil in Lire auszahlen. Die auf Deutschland entfallende Last des Euro-Ausstiegs

Italiens wird nicht allein von den deutschen Banken zu tragen sein. Der Staat wird sie auch nicht übernehmen können. Jeder Bürger wird sich daran beteiligen müssen. Eine Lösung des Problems könnte möglicherweise so aussehen, dass ein Kunde bei einer deutschen Bank bei einem Guthaben von 100 Euro nur 95 Euro ausbezahlt bekommt, und den Rest in Lire. In Italien wird es vorübergehend zwei Währungen geben, die Lira und den Euro. Bei uns wird das dann auch zwangsläufig der Fall sein müssen.

Auch bei einem kompletten Auseinanderbrechen des Euro, wenn also jedes Land wieder seine eigene Währung einführt, wir die D-Mark, wird es zu einem kaum beherrschbaren Chaos kommen. Welche Forderung muss in welcher Währung bedient werden? Rechtsstreitigkeiten werden sich über Jahre, wenn nicht Jahrzehnte, hinziehen und die Wirtschaftstätigkeit lähmen. Ein realistisches Szenario für die komplette Auflösung des Euro würde vermutlich vorsehen, dass der Euro für eine Übergangszeit durch einen Korb mit den dann neu entstehenden Währungen nachgebildet wird. Das heißt, für ein Guthaben von 100 Euro bei der Bank bekäme man 30 D-Mark, 20 Französische Franc, 20 Lire und so weiter gutgeschrieben.

Bei deutschen Bundesanleihen hätte man am ehesten die Gewähr, dass man für den gesamten Eurobetrag die neue D-Mark bekäme. Aus diesem Grund kaufen vermutlich viele Ausländer deutsche Bundesanleihen, obwohl sie auf zehn Jahre Sicht nur mit 0,3 Prozent pro Jahr rentieren. Die Anleger haben es nicht auf die mickrigen Zinsen abgesehen, sondern sie spekulieren darauf, dass sie im Fall einer Auflösung des Euro die erworbenen Bundesanleihen in der dann neuen D-Mark zurückgezahlt bekommen. Von der neuen D-Mark nimmt man an, dass sie gegen alle übrigen Währungen sehr deutlich an Wert gewinnen wird. Der ausländische Käufer einer deutschen Bundesanleihe spekuliert nicht in erster Linie auf noch weiter sinkende Zinsen, sondern auf ein Auseinanderbrechen des Euroraums, bei dem er einen großen Währungsgewinn erzielen würde.

Bei einem kompletten Zerbröseln des Euro und der Wiedereinführung der D-Mark muss deshalb nicht zwingend der Goldpreis profitieren. Die neue D-Mark würde vermutlich als Erstes 30 Prozent gegen die übrigen Währungen steigen und der in US-Dollar gehandelte Preis des Goldes würde damit auf einen Schlag 30 Prozent gegen die neue D-Mark verlieren. Bei dieser sehr, sehr unwahrscheinlichen Komplettamputation wären deutsche Bundesanleihen die Gewinner.

Man kann kein realistisches Ausstiegsszenario entwerfen, das nicht im Chaos endet

Deshalb ist es wahrscheinlicher, dass die Europäische Zentralbank unter der Führung von Mario Draghi alles unternehmen wird, um ein Auseinanderbrechen des Euro zu verhindern. Im Notfall wird die Europäische Zentralbank tatsächlich unbegrenzte Mengen italienische Staatsanleihen kaufen. Wenn dies durch die momentane Rechtslage nicht gedeckt ist, werden die Gesetze geändert werden. Alles andere wäre mit unkalkulierbaren Risiken verbunden. Mögliche Inflationsgefahren, die mit der monetären Staatsfinanzierung einhergehen, werden als das kleinere Übel angesehen und in Kauf genommen werden. Und vor einem mutwilligen freiwilligen Ausstieg werden die neu gewählten Regierungen, ob Le Pen in Frankreich oder Grillo in Italien, zurückschrecken, ganz egal, was sie im Wahlkampf versprochen haben. Es würde auch für sie einen Schritt in den Abgrund bedeuten. Deshalb scheint ein Ende des Euro letztlich ein eher unrealistisches Szenario. Deutsche Bundesanleihen oder US-Staatsanleihen oder Gold würden vor diesem Albtraum schützen.

Düstere Parallelen zu 1932

Beunruhigend wirken allerdings die Parallelen, die zwischen der heutigen Situation und den Dreißigerjahren des letzten Jahrhunderts zu erkennen sind. Nach der schweren Weltwirtschaftskrise von 1929 bis 1932, die mit dem Börsencrash im Oktober 1929 eingeleitet wurde, kamen die einzelnen Volkswirtschaften nicht mehr richtig in Schwung. Um die eigene Produktion zu unterstützen und sich vor unliebsamer ausländischer Konkurrenz zu schützen, führten viele Länder Einfuhrzölle ein. Es entstand ein Handelskrieg, der die jeweilige wirtschaftliche Situation nicht verbesserte.

Gleiche Bestrebungen lassen sich seit der großen Rezession vom Jahr 2009 beobachten, die in vielem mit der Weltwirtschaftskrise von 1932 vergleichbar scheint. Wegen des schwachen Wirtschaftswachstums begannen die Japaner zu versuchen, den Kurs des Yen zu drücken, um besser exportieren zu können. Auch die Europäische Zentralbank suchte mit Anleihekäufen das Euro-Angebot zu erhöhen, um so den Wechselkurs zu verringern. Dieses Bestreben, sich über eine niedrigere eigene Währung einen Handelsvorteil zu verschaffen, kann man als Währungskrieg oder milde Form des Handelskriegs bezeichnen. Er verlief zwar in einem gesitteteren und unauffälligeren Rahmen als damals, aber die Bestrebungen aus der gleichen Not heraus gleichen einander.

Aus der schwachen Wirtschaftsentwicklung resultierten nationalistische Bestrebungen

Als Folge der wirtschaftlich ungünstigeren Situation entstanden damals in vielen Ländern nationalistische Bewegungen. Dem Ausland wurde misstraut, der eigenen Bevölkerung sollte es wieder besser gehen – das waren die Motive der neuen politischen Richtung. Eine ähnliche Tendenz lässt sich auch zurzeit weltweit erkennen.

Das Programm des Präsidentschaftskandidaten der Republikaner in den USA, Donald Trump, trägt ganz klar nationale Züge. „America First" lautet einer seiner wichtigsten Wahlsprüche. Die Handelsverträge mit einzelnen Ländern sollen neu verhandelt werden, um Amerika besserzustellen. Die Kosten für die Stationierung des amerikanischen Militärs in anderen Ländern sollen von diesen übernommen werden. Doch zu dieser nationalistisch ausgerichteten Außenpolitik gesellt sich nicht das typische Wirtschaftsprogramm der Republikaner, die sonst für freie Märkte und Neoliberalismus plädieren. Trumps Ideen zur

Wirtschaftspolitik kann man neben konfus durchaus als sozialistisch bezeichnen. Wohltaten für alle.

Donald Trump hat offensichtlich eine starke Strömung in den USA erkannt und für sich zu nutzen gewusst. Der amerikanische Wähler möchte, dass es Amerika wieder besser geht, und vor allen Dingen auch, dass es ihm selbst wieder besser geht. Beide Wünsche lassen sich mit einer Art national-sozialistischer Politik ansprechen, ohne diesen Ausdruck jetzt auch nur im Entferntesten mit dem Nationalsozialismus des Dritten Reiches zu vergleichen. Dennoch war auch gerade dies die Mixtur, die in den Dreißigerjahren des letzten Jahrhunderts bei den Wählern nicht nur in Deutschland verfing.

Diese Politik des „das eigene Land zuerst" und „für die eigene Bevölkerung möglichst große Wohltaten" zeitigte in jüngster Zeit in den ehemaligen Ostblockländern bereits Erfolge. Diese Ähnlichkeit der politischen Entwicklungen heute und in den Dreißigerjahren des letzten Jahrhunderts, die aufgrund einer ähnlichen wirtschaftlichen Situation die gleichen Lösungsvorschläge anbieten, muss im Auge behalten werden. Sieben Jahre nach der Weltwirtschaftskrise 1932 begann der Zweite Weltkrieg in Europa. In diesem Jahr ist die große Rezession des Jahres 2009 ebenfalls sieben Jahre her.

Auf keinen Fall werden sich in der nächsten Zeit irgendwelche Kriege ergeben, dazu hat sich die Menschheit doch zu sehr weiterentwickelt und das Informationsangebot ist zu groß, als dass sich Menschen gegeneinander aufhetzen lassen. Aber die deutlich wahrnehmbaren sich verstärkenden nationalistischen Bestrebungen innerhalb Europas können zu einem Zerfall in die Nationalstaaten führen. Die Verschuldungen Italiens, Griechenlands oder Frankreichs werden, wenn der politische Wille da ist, dank der Hilfe der Notenbanken nicht zu einem Kollaps des Euro führen. Dennoch können die auseinanderdriftenden politischen Bestrebungen einzelner Länder ein Ende des Einigungsprozesses und ein Auseinanderbrechen des Euro herbeiführen. Diese Gefahr kann man nicht vollkommen außer Acht lassen.

Obwohl diese Entwicklung in ein wirtschaftliches Chaos führen würde, sind sich viele Wähler oder Politiker, die diese Separationsbewegungen betreiben, nicht darüber im Klaren. Für den Aktienmarkt würde diese Entwicklung eine Katastrophe bedeuten. Die damit einhergehende wirtschaftliche Lähmung würde die Unternehmensgewinne drastisch einbrechen lassen. Ein bevorzugtes Anlagemedium wäre in solch einem Fall die deutsche Bundesanleihe, bei der man sicher ist, dass man am Ende bei einem Eurozerfall D-Mark in den Händen hält. Bei US-Staatsanleihen, bei denen man seine Anlage am Ende der Laufzeit zu 100 Prozent zurückbekommt, gehen jedoch Währungsverschiebungen in die Kurse im deutschen Depot ein.

Ein Auseinanderbrechen des Euro kann zunächst den Euro unter Druck bringen, weil der Besitzer eines Euro nicht weiß, welche Währung er nachher besitzen wird. Andererseits könnten die in D-Mark getauschten Euro nach dem Auseinanderbrechen deutlich an Wert gewinnen. Diese Chance und dieses Risiko gleichen sich in etwa aus und die Währungsverschiebungen werden sich auf Dauer wieder nivellieren. Gleiches gilt für den Goldpreis. Er könnte zwar bei einem Anstieg der neuen D-Mark leiden, aber in der Phase der Unsicherheit vorher umso stärker steigen. Bei der letzten Eurokrise konnte der Goldpreis deutlich zulegen, was als Anhaltspunkt dafür gewertet werden kann, dass bei der nächsten Eurokrise Gold ebenfalls profitieren könnte.

Es bleibt zu hoffen, dass die unsinnigen nationalistischen und separatistischen Bestrebungen in Europa nicht weiter an Boden gewinnen.

Steuerzahler haben für die Rettung der Banken gehaftet

Zur Rettung der angeschlagenen Banken während der Finanzkrise des Jahres 2008 mussten Staaten einspringen und Geld der Steuerzahler ausgeben, um die Finanzinstitute über Wasser zu halten. Die Hypo Real Estate zum Beispiel in Deutschland befand sich in einer solchen Schieflage, dass die uneinbringbaren Forderungen das Eigenkapital bei Weitem überstiegen. Die Bundesregierung beschloss damals, der Bank zu helfen. Nicht, wie in den Medien immer wieder kolportiert wurde, um die Bankbesitzer schadlos zu halten – die haben ohnehin ihren gesamten Einsatz verloren –, sondern um die Arbeitsplätze und vor allem die Einlagen der Kunden zu schützen.

Man kann sich vorstellen, was passiert wäre, wenn Anleger nicht mehr an ihre Spargelder gekommen wären. Vor allem war eine Ansteckung befürchtet worden. Hätten Kunden der Hypo Real Estate ihre Einlagen nicht mehr wiederbekommen, hätten Kunden von anderen Banken sicherlich befürchtet, das Gleiche könnte ihnen auch drohen. Alle wären zu den Bankschaltern geströmt, um noch schnell ihre Sparguthaben abzuheben. Um solch einen Zusammenbruch des Finanzsystems zu verhindern, wurde die Bank gerettet und die fehlenden Milliarden überwiesen. Bezahlt hat das der Steuerzahler.

Ähnliches ist auch in anderen Ländern passiert. In Irland mussten so viele Banken mit Staatsgeldern gerettet werden, dass sich die Staatsverschuldung dramatisch erhöhte. Daraufhin wurde befürchtet, dass der irische Staat zahlungsunfähig werden könnte, und irische Anleihen stürzten in den Keller, weil viele Anleger sie in der Furcht verkauften, sie würden nicht zurückgezahlt werden.

Um diesem Problem zu begegnen, wurde der europäische Stabilitätsfonds gegründet, in den die Mitgliedsländer große Summen einzahlen mussten. Mit ihm sollten und sollen weiterhin diejenigen Länder Kredite bekommen, die sich am Kapitalmarkt nicht mehr finanzieren können. Diese Regelung hatte neben der Ankündigung von Mario Draghi, Staatsanleihen aufkaufen zu wollen, dazu geführt, dass sich die Schuldensituation in Europa entspannte und die Renditen der Länder der Peripherie wieder sanken.

Neue Regelung verschärft die Schuldenproblematik: Kundengelder haften für Bankenschieflagen

Doch wurde mittlerweile ein Gesetz verabschiedet und trat am 1. Januar 2016 in Kraft, das dieses Problem wieder virulent werden lassen könnte. Die Bank Recovery and Resolution Directive (kurz BRRD oder

„Abwicklungsrichtlinie") gibt vor, dass, bevor Staaten Banken retten, zunächst die Gläubiger und Kunden mit großen Guthaben in Anspruch genommen werden. Diese neue Rechtslage könnte dazu führen, dass im Fall einer erneuten Krise die Menschen erst recht die Banken stürmen, um ihre Guthaben abzuheben, da sie im Fall der Pleite der Bank um ihre Guthaben fürchten müssten. Diese Richtlinie wird also die Staatsfinanzen entlasten und ist damit für die Steuerzahler gut, birgt aber das Risiko, dass Banken nicht mehr getraut wird, weil bei einer Bankenpleite auch die Kundeneinlagen betroffen wären.

Besitzer von Staatsanleihen werden seit dem 1. Januar 2016 schlechtergestellt

Die Direktive sieht noch eine weitere Änderung vor. Damit nicht bei Zahlungsschwierigkeiten eines Staates das Geld des europäischen Stabilitätsfonds dazu benutzt wird, die alten Gläubiger auszuzahlen, wie es bei den letzten Krisen der Fall war, werden bei einer Rettung die Laufzeiten der existierenden Staatsanleihen automatisch verlängert. So soll gewährleistet werden, dass nicht das neue Geld des Stabilitätsfonds zur Rückzahlung der alten Schulden benutzt wird. Auch diese Richtlinie hört sich gut an und soll das Geld der Steuerzahler schonen.

Doch auch diese Direktive wird im Fall einer Krise dramatische Konsequenzen haben. Wenn ein Land in den Verdacht gerät, in Zahlungsschwierigkeiten zu kommen, und die Anleihekurse des Staates fallen, wird sich der Verkaufsdruck erhöhen, da viele Anleihebesitzer fürchten müssen, ihr Geld nicht zum versprochenen Zeitpunkt zurückzubekommen. Auch dieses Gesetz wird zwar die Steuerzahler der Länder schonen, die in den europäischen Stabilitätsfonds eingezahlt haben, aber im Fall einer Krise die Panik verstärken. Wo wir gerade bei Wertpapieren sind …

7
AKTIEN GELTEN LANGFRISTIG ALS SICHER.
STIMMT DAS?

Sie sind zwar die Ersten, die in einer Krise an Kurswert verlieren, erholen sich aber in der Regel nachher wieder und erreichen ihren alten Wert – bisher stiegen sie sogar immer darüber hinaus.

Als Aktionär besitzt man Eigentumsrechte, als Anleihebesitzer ist man nur Gläubiger

Nach jeder schweren Krise erholten sich die Aktienkurse wieder. Aus meiner Familiengeschichte weiß ich das Beispiel, dass die von meinem Großvater erworbenen Siemens-Aktien zwar nach dem Krieg so gut wie wertlos waren, aber einige Jahre später höher notierten als jemals zuvor. Sie haben also den Zweiten Weltkrieg überstanden. Anleihen des Deutschen Reiches wurden dagegen 20 zu 1 abgewertet.

Einen vollständigen Sicherheits-Freibrief auf lange Sicht kann man jedoch auch für Aktien nicht ausstellen. Wenn eine Krise dergestalt ist, dass das Eigenkapital eines Unternehmens angegriffen wird und neues beschafft werden muss, reduziert sich der Firmenanteil der Altaktionäre dramatisch. Bei der Schieflage einer Bank, wie zum Beispiel damals der Hypo Real Estate, ist das Eigenkapital der Aktionäre weg und damit ihr Anteil an der Firma wertlos. Das heißt nicht, dass es die Firma danach nicht mehr gibt. Die arbeitet mit frischem Kapital weiter. Nur gehört sie nicht mehr den Altaktionären.

Daimler war im Jahr 2009 angeblich beinahe pleite

So kann es zum Beispiel auch den Aktionären einer Automobilfirma nach einer längeren Durststrecke gehen. Nach der Aussage eines Bekannten mit einem kurzen Draht in den Vorstand von Daimler stand die Firma im Jahr 2009 kurz vor der Pleite. Damals wurde über Wochen weltweit kein einziges Exemplar der S-Klasse verkauft. Die Kosten für Löhne und dergleichen liefen dagegen weiter. Hätte die Krise ein halbes Jahr länger gedauert, wäre das Eigenkapital von Daimler aufgebraucht gewesen. Die Firma Daimler würde es dann zwar heute immer noch geben, aber die Aktionäre von damals wären nicht mehr die Aktionäre von heute. Die Firma hätte frisches Kapital aufnehmen müssen und die neuen Kapitalgeber wären dann die neuen Mehrheitseigentümer der Firma geworden. Es kann also durchaus zu Krisen kommen, bei denen zwar die Firma überlebt, aber die Altaktionäre nachher nur noch einen Bruchteil der Firma in den Händen halten.

Wenn die kommenden Strafzahlungen 80 Milliarden Euro übersteigen, ist VW bedroht

Sollten zum Beispiel die Strafzahlungen für VW in den USA in der Größenordnung von 80 Milliarden Euro liegen, was nicht sehr wahrscheinlich ist, wird es die Firma in zehn Jahren zwar immer noch geben, aber die bisherigen VW-Aktionäre werden nicht mehr die Eigentümer der Firma sein. Dass Aktien sich nach der nächsten Krise prinzipiell wieder erholen und ihren alten Wert wieder erreichen, ist sehr wahrscheinlich, aber mit Sicherheit darauf verlassen kann man sich nicht.

WANN IST EIN GÜNSTIGER ZEITPUNKT, AKTIEN ZU KAUFEN?

Wenn man sich die Kursverläufe des DAX in der jüngeren und auch der etwas weiter zurückliegenden Vergangenheit anschaut, bemerkt man große Schwankungen. Das Resultat, das man mit einer Aktienanlage erzielen kann, scheint also stark vom Startpunkt abzuhängen. Wie kann man feststellen, ob es sich gerade um eine günstige Gelegenheit handelt, Aktien zu kaufen, oder nicht? Man möchte billig kaufen. Doch was ist „billig"?

Am optischen Kurs wird man es nicht festmachen können. Eine Aktie, die 50 Euro kostet, muss nicht zwangsläufig billiger sein als eine, die 100 Euro kostet. Es kommt auf die Stückelung an, also darauf, welchen Anteil des Unternehmens man mit der einen Aktie in der Hand hält. Deshalb wird der Kurswert einer Aktie zum anteiligen Unternehmensgewinn ins Verhältnis gesetzt, der auf die einzelne Aktie anfällt. Dieses Kurs-Gewinn-Verhältnis (KGV) enthält eine Aussage darüber, wie viel Gewinn – aus dem dann auch die Dividende gezahlt wird – auf den eigenen Anteil entfällt. Doch daran allein lässt sich nicht festmachen, ob sich ein Aktienkurs in der Zukunft nach oben oder unten bewegen wird.

Wann ist eine Aktie billig?

Eine am Kurs-Gewinn-Verhältnis gemessen billige Aktie kann noch billiger werden, eine teure noch teurer. Zum Ende der großen Internet-Hausse Ende der Neunzigerjahre wurden die DAX-Aktien schließlich mit dem über 30-Fachen ihrer Gewinne bewertet. Einige Jahre vorher schon, als das Kurs-Gewinn-Verhältnis über 20 stieg, galten sie als deutlich überbewertet, was sie jedoch nicht daran hinderte, weiter in den Himmel zu stürmen.

Die hohe Bewertung der Aktienkurse veranlasste den damaligen amerikanischen Notenbankchef Alan Greenspan im Jahr 1996 zu der Aussage, der Aktienmarkt befinde sich in einem Stadium der „irrational exuberance", des irrationalen Überschwangs. Er wollte damit zum Ausdruck bringen, dass er den Aktienmarkt für deutlich überbewertet hielt. Dies hielt die Aktienkurse jedoch nicht davon ab, nach einem kurzen Moment des Schocks und des Durchsackens ihre Gipfelrallye fortzusetzen. Danach verdoppelten sich die Kurse.

Auch kann ich mich an Zeiten Ende der Siebzigerjahre erinnern, in denen der Markt mit einem niedrigen Kurs-Gewinn-Verhältnis von 11 günstig schien. Trotzdem fielen die Kurse in der Ölkrise weiter. Das Kurs-Gewinn-Verhältnis sank auf das Allzeit-Rekordtief von 8. Neben dem Kurs-Gewinn-Verhältnis kann man auch andere Argumente heranziehen, die eine Bedeutung für die zukünftige Kursentwicklung haben könnten.

Welche Faktoren sind kursrelevant?

Zu jedem einzelnen Zeitpunkt gibt es viele Argumente zu bedenken. Im Moment zum Beispiel, Frühling 2016, muss man sich fragen, was passiert in China? Schwächt sich die Wirtschaft dort weiter ab und wenn ja, wie bedeutend ist das für uns? Wenn die chinesische Währung, der Renminbi, fällt, wovor alle Angst haben, weil dann China noch mehr Deflation exportiert, belastet das die Aktienkurse? Schwächt sich die amerikanische

Wirtschaft ab? Wenn ja, ist das gut, weil dann die amerikanische Notenbank auf weitere Zinserhöhungen verzichtet, oder ist das schlecht, weil dann die Unternehmensergebnisse der amerikanischen Firmen leiden?

Zu jedem einzelnen Zeitpunkt gibt es mehr als zehn Argumente, die für steigende Kurse sprechen, und genauso viele dagegen. Wie kann man da abwägen und die einzelnen Faktoren gewichten? Es mutet an, als wenn sich auf einer Balkenwaage auf der einen Seite ein Gewicht mit einem Kilo befindet und auf der anderen ein Gewicht mit einem Kilo und zehn Gramm. Die Waage neigt sich zu dem schwereren Gewicht, aber man kann von außen nicht erkennen, welches Gewicht schwerer ist. So kann man auch die Argumente, die für oder gegen steigende Kurse sprechen, kaum abwägen.

Man neigt dazu, wenn die Notierungen fallen, den Gegenargumenten mehr Gewicht zu schenken und das Schlimmste zu befürchten, während man bei steigenden Kursen auf einmal nur noch die positiven Argumente sieht. Es existiert kein absoluter Maßstab für die Aktienkurse. Bei einem Kurs-Gewinn-Verhältnis von 14 kann man nicht entscheiden, ob dies teuer oder billig ist, es könnte auf 8 fallen oder auf 30 steigen. Folgt aus der Abwägung, dass China etwas langsamer wächst und die USA sich dafür etwas besser erholen, dass der DAX bei 10.000 Punkten oder 10.200 Punkten notieren müsste? Da sich aus dem Kurs-Gewinn-Verhältnis und auch aus den anderen Argumenten kein fairer Wert, bei dem der DAX notieren müsste, ausrechnen lässt, muss man auf eine andere Methode zurückgreifen.

In erster Näherung ist der Aktienmarkt beim momentanen Stand stets richtig bewertet

Man nimmt einfach mal an, dass jetzt in diesem Moment beim aktuellen Kurs-Gewinn-Verhältnis, der gegebenen Weltwirtschaftslage und dem aktuellen politischen Umfeld der DAX richtig und fair bewertet ist. Die Marktteilnehmer sind im Besitz aller Informationen und alles ist bereits in den Kurs eingeflossen. Man geht also nicht davon aus, dass der Markt in diesem Moment zu billig oder zu teuer ist, sondern man beachtet nur, welche Faktoren sich in der näheren Zukunft vermutlich ändern werden. Es kommt somit nicht auf die Größe der einzelnen Argumente an, sondern auf ihre Änderungsrate.

Was wird besser, was wird schlechter?

Ein bedeutender Einflussfaktor, bei dem es darauf ankommt, ob er sich zum Guten oder zum Schlechten verändert, ist der Zins. Die absolute Höhe ist nicht so maßgebend wie die relative Veränderung. Steigende Zinsen sind in zweifacher Hinsicht ungünstig für die Aktienkurse. Erstens entspricht der theoretische Wert einer Aktie der Summe aller zukünftigen anteiligen abgezinsten Unternehmensgewinne. Abgezinst deshalb, weil zum Beispiel 100 Euro, die ich in zehn Jahren bekomme, bei einem Zins von fünf Prozent heute nur 61,40 Euro wert sind. 100 Euro, heute schon erhalten, hätten sich durch die Zinsen in zehn Jahren bis auf 162,90 Euro vermehrt. Je höher der Zins, desto weniger sind die zukünftigen Unternehmensgewinne heute wert.

Zweitens steigt durch den höheren Zins die Attraktivität des Hauptkonkurrenten der Aktie, der festverzinslichen Anlage. Bekomme ich bei einer Anleihe oder beim Festgeld höhere Zinsen, werden die Dividenden der Aktien uninteressanter. Dann müssen die Kurse der Aktien so weit fallen, dass die Dividendenrendite steigt, um wieder ein gleiches Verhältnis zwischen Anleihen und Aktien herzustellen. Wegen dieser Bedeutung der Zinsen erweist sich eine weitere Größe, die die Zinshöhe beeinflusst, als maßgeblich, nämlich die Inflationsrate.

Die Beobachtung dieser beiden Einflussgrößen, Zins und Inflationsrate, zusammen mit dem Dollarkurs, der sich je nach Bewegungsrichtung positiv oder negativ auf die Exporte auswirkt, und der Jahreszeit, hat sich in den vergangenen Jahrzehnten außerordentlich ausgezahlt. Ich habe diese vier Punkte im „Börsenindikator" zusammengeführt und in einem früheren Buch ausführlich beschrieben, deshalb möchte ich an dieser Stelle nicht näher darauf eingehen.

Die Veränderung des Zinses beeinflusst die Aktienkurse

Im Mittel der Jahrzehnte lag der Zins für zehnjährige Ausleihungen zwei Prozentpunkte über der Inflationsrate. Dies hat erstens den Grund, dass jemand, der Geld verleiht, mit dieser Transaktion einen realen Kaufkraftgewinn erzielen will. Wenn er nach zehn Jahren nicht mehr Kaufkraft in den Händen hält als heute, ist es sinnvoller, heute mit dem Geld etwas zu kaufen statt erst in zehn Jahren. Der Gläubiger will im Gegenzug so wenig Zinsen wie möglich zahlen.

Als Ausgleich hat sich im Laufe der Jahrzehnte für zehnjährige Ausleihungen eine Zinshöhe von zwei Prozentpunkten über der Inflationsrate herausgebildet. Damit scheinen beide Seiten leben zu können. Diese zwei Prozent entsprechen nicht zufällig etwa dem durchschnittlichen Produktivitätszuwachs der letzten Jahrzehnte. Nur was von einem Unternehmen oder der Volkswirtschaft zusätzlich erwirtschaftet wird, kann auch an Zinsen ausgezahlt werden.

Im Moment leben wir in einer Phase der Anomalie, in der die 10-Jahres-Rendite deutlich weniger als zwei Prozentpunkte über der Inflationsrate liegt. Dies kann entweder daher rühren, dass das Produktivitätswachstum auf Dauer gegen null tendiert und nicht mehr ausbezahlt werden kann, als durch die Produktivität auch bereitgestellt wird. Oder wir leben in einer Phase der übergroßen Ängstlichkeit, in der die Sicherheit der Anleihen vor dem nächsten Crash oder der nächsten Finanzkrise so teuer bezahlt werden muss, dass sich keine reale Verzinsung mehr ergibt.

Fehler in der Inflationsberechnung?

Möglich ist auch, dass die Inflationsrate nicht mehr richtig berechnet wird. Dann würde die Anleihe immer noch zwei Prozentpunkte über der aktuellen Inflation notieren, aber die echte Teuerung wäre bedeutend niedriger als die vom Statistischen Bundesamt erhobene Rate. Die im

Laufe der Zeit eingetretenen Qualitätsverbesserungen werden unter Umständen bei der Berechnung nicht genügend berücksichtigt.

Das Telefonieren zum Beispiel ist in den letzten 20 Jahren deutlich billiger geworden. Wenn man jedoch in Ansatz bringt, wie viel mehr heute telefoniert wird, kommt das in den vergleichenden Daten nicht genügend heraus. Wird das Gesprächsaufkommen von heute mit den Telefonkosten von vor 20 Jahren multipliziert, kommt man auf eine Summe, die wesentlich höher liegt als das, was vor 20 Jahren tatsächlich fürs Telefonieren ausgegeben wurde. Weil es so viel kostete, haben die Menschen nicht so viel miteinander telefoniert. Wenn wir also nicht nur die Kosten für ein Telefongespräch von heute mit denen von damals vergleichen, sondern die Anzahl der Gespräche hinzunehmen, sollte sich der Rückgang der Telefonkosten in der heutigen Inflationsrate deutlich heftiger niederschlagen.

Ebenso verhält es sich mit dem Informationsangebot. Hätte die Menge an Informationen und Unterhaltung, die sich heute quasi kostenfrei im Internet abrufen lässt, zu damaligen Preisen bezahlt werden müssen, wäre der gemessene Rückgang der Teuerung ebenfalls erheblich höher ausgefallen. Wird bei der Inflationsberechnung die Verhaltensänderung berücksichtigt und zurückgerechnet, was das heutige Verhalten in der Vergangenheit gekostet hätte, statt nur die Ausgaben von damals mit den Ausgaben von heute zu vergleichen, stiege der registrierte Teuerungsrückgang erheblich.

Diese Deutung hätte weitreichende Konsequenzen. Damit wäre die Anleiherendite ein besseres Maß für die Entwicklung der Teuerung als der Vergleich des Warenkorbs. Das würde bedeuten, bei einer Anleiherendite von 0,3 Prozent betrüge die momentane echte Teuerung minus 1,7 Prozent. Damit würden sich auch andere Rätsel der Wirtschaftswissenschaften lösen lassen.

So erklärt sich etwa die fehlende Produktivität. Seit einigen Jahren ist das Produktivitätswachstum gegen null gesunken. Mit der echten Teuerung von zwei Prozentpunkten unter der Anleiherendite wäre das Produktivitätswachstum in den letzten zehn Jahren, wie in den hundert

Jahren davor, bei etwa zwei Prozent verblieben. Das bedeutet auch, dass die Wirtschaft in den letzten zehn Jahren 17 Prozent mehr gewachsen ist als offiziell angegeben. Dies wäre eine alternative Deutung der niedrigen Rendite der deutschen Bundesanleihen.

Der Tagesgeldsatz wird von den Notenbanken gesteuert

Dem Kurzfristzins, der anders als die Anleiherendite, die sich am Markt frei bildet, von der Notenbank beeinflusst wird, kommt eine besondere Bedeutung zu. In ihm spiegeln sich nicht nur die aktuellen Marktgegebenheiten wider, sondern die Notenbank versucht mit diesem Instrument auch die Inflationsrate zu steuern. Steigen die Konsumentenpreise zu stark an, erhöht die Notenbank den maßgeblichen Zinssatz, den Hauptrefinanzierungssatz. Die somit teurer werdenden Kredite bremsen die Nachfrage. Eine geplante Fabrikerweiterung oder ein Hausbau wird dann möglicherweise wegen der gestiegenen Finanzierungskosten unterlassen. Die sinkende Nachfrage sollte über eine folgende Konjunkturabkühlung den Preisauftrieb bremsen. Läuft die Konjunktur dagegen zu schwach, können Kreditverbilligungen die Wirtschaftsaktivität ankurbeln.

Im Moment befinden wir uns auch hier in einer ungewöhnlichen Situation. Da die Zinsen sich schon bei null Prozent befinden, fehlt bei einer Wirtschaftsabkühlung die Möglichkeit, sie weiter zu senken. Welche Alternativen dazu sich den Notenbanken bieten, darauf komme ich später noch zurück.

Vor jeder Rezession sind bisher die Zinsen deutlich angestiegen

Diese beiden Größen, Zins und Inflationsrate, sind deshalb so wichtig, weil sie nicht nur Einfluss auf die Bewertung einer einzelnen Aktie ausüben, sondern auch auf die gesamte Wirtschaftsentwicklung. Jeder

Rezession in den USA der letzten 50 Jahre gingen stark angestiegene Kurzfristzinsen voraus. Dies wurde durch einen sich beschleunigenden Kaufkraftverlust ausgelöst. Rezessionen waren in der Vergangenheit die Hauptgründe für lange ausgedehnte Baissen. Negative Wachstumsraten der Wirtschaft sorgen für fallende Unternehmensgewinne und diese sind neben den Zinsen der zweite Faktor, der die Höhe der Aktienkurse bestimmt. Häufig fielen die Kurse nicht erst nach Beginn der Rezession, sondern bereits im Vorfeld. Steigende Zinsen und steigende Inflationsraten sind also ein unmittelbares Warnsignal für die Aktienkurse, da durch die steigenden Zinsen der faire Wert einer Aktie sinkt, und mittelfristig sind sie eine Gefahr für die Aktienkurse, weil die dann folgende schlechtere Wirtschaftsentwicklung zu niedrigeren Unternehmensgewinnen führt.

Wegen dieser Doppelfunktion des Zinses hat auch der Börsenindikator, in den der Zins und die ihn beeinflussende Inflationsrate eingehen, in der Vergangenheit so zuverlässige Signale geliefert.

Nun kann es vorkommen, dass die Aktienkurse 20 Prozent fallen – was nach gängiger Definition als Baisse bezeichnet wird –, ohne dass eine Rezession folgt. Im August des Jahres 2015 fielen die Notierungen in zwei Abwärtsschüben fast 20 Prozent. Die Zinsen und Inflationsraten waren jedoch vorher nicht angestiegen. Deshalb hatte der Börsenindikator kein Verkaufssignal geliefert. Es folgte auch keine Rezession, der ja in der Vergangenheit immer steigende Zinsen und steigende Inflationsraten vorangegangen waren.

Die Kurse erholten sich in den folgenden Wochen wieder um 20 Prozent und kletterten auf das Niveau von vor dem Mini-Crash. Außer Angst nichts gewesen. Es stimmt zwar, dass vor jeder Rezession in den USA seit 1970 der Dow Jones mindestens 15 Prozent gefallen war. Es sind aber auch Fälle aufgetreten, in denen der Dow Jones 15 Prozent gestürzt war, aber keine Rezession folgte. Dies veranlasste den späteren Wirtschaftsnobelpreisträger Paul Samuelson zu der Aussage, der Dow Jones habe neun der letzten fünf Rezessionen richtig vorhergesagt.

Ganz so schlecht hat er mit dieser Aussage gar nicht gelegen. Zwölfmal fielen seit 1965 die US-Kurse 15 Prozent, siebenmal folgte eine Rezession, fünfmal keine. Dass fallende Kurse eine Rezession vorhersagen, mag für Wirtschaftswissenschaftler interessant sein, für Börsianer eher weniger. Wenn die Kurse gefallen sind und damit eine Rezession signalisieren, wenn auch nur mit einer Wahrscheinlichkeit von sieben aus zwölf, nützt dieses Wissen dem Börsianer nichts, weil die Kurse ja schon unten sind. Der Börsianer braucht ein Signal, das fallende Kurse angekündigt, die eine Rezession signalisieren. Bisher konnte man sich bei diesem Signal auf Zins und Inflationsrate verlassen.

Wann fallen die Aktienkurse, ohne dass eine Rezession folgt?

Betrachten wir nun einmal die Fälle, in denen die Kurse fallen und sich danach keine Rezession entwickelt. Dann erholen sich die Kurse in der Regel relativ zügig wieder, weil ohne Rezession die Unternehmensergebnisse nicht deutlich fallen. Und ohne dass sich die Unternehmensergebnisse und der Zins ändern, sollten sich auch die Kurse nicht deutlich bewegen, da diese beiden Faktoren das Kursniveau bestimmen. Zins und Inflation sind also dringend zu beachten, weil sie Hinweise auf eine kommende Rezession geben können. Ohne eine Wirtschaftsabschwächung sollten die Kurse eigentlich nicht dauerhaft fallen. Nach einem Einbruch wie dem im August 2015, dem weder steigende Zinsen noch eine anziehende Inflationsrate vorangegangen waren, sollten sich also die Kurse schnell wieder erholen, wie sie es dann auch taten. Es bleibt die Frage, warum die Kurse überhaupt gefallen waren.

Der DAX fiel 20 Prozent und erholte sich anschließend wieder 20 Prozent. Warum?

Die Gründe für die widrige Börsenentwicklung, die damals in der Berichterstattung angegeben wurden, bezogen sich auf eine mögliche

Wirtschaftsabschwächung in China. Am ersten Tag der Baisse fiel der Chinesische Renminbi um drei Prozent gegen den Dollar. Man fürchtete, die Chinesen würden, um ihre Exporte anzukurbeln, ihre Währung fallen lassen und sich so an dem Abwertungswettlauf beteiligen, den die Japaner begonnen und die Europäer mit den Lockerungsmaßnahmen von Mario Draghi fortgesetzt hatten. Noch mehr noch billigere chinesische Exporte hätten die Deflationsgefahr verschärft.

Aber die Frage, die sich dabei stellt, lautet, warum die Furcht vor einer chinesischen Wirtschaftsabschwächung gerade zu diesem Zeitpunkt die Märkte heimsuchte. Eine so riesige Volkswirtschaft wie die chinesische stürzt nicht von heute auf morgen ab. Vom Jahr 2014 auf das Jahr 2015 sank das Wirtschaftswachstum von 7,3 auf 6,8 Prozent. Rechtfertigt dies, dass ein Weltunternehmen wie Daimler 30 Prozent billiger wird als noch acht Wochen zuvor? Hatte sich die chinesische Wirtschaft acht Wochen zuvor noch nicht abgekühlt? Wie kann eine sich so langsam verändernde Größe wie die Wachstumsrate des Bruttoinlandsproduktes solch schnelle kurzfristige Bewegungen am Aktienmarkt hervorbringen?

Während der gesamten Abwärtsbewegung wirkten die hinterhergeschobenen Argumente nicht stichhaltig. Hinter solchen kurzfristigen steilen Bewegungen am Aktienmarkt muss etwas anderes stecken.

9 EINE ZEITLICHE GESETZMÄSSIG-KEIT FÜR KURS-EINBRÜCHE?

Um den Gründen für diese kurzfristigen Kurseinbrüche, denen keine steigenden Zinsen und nach oben tendierenden Inflationsraten vorausgehen und die somit auch nicht vor einer Rezession auftreten, auf die Spur zu kommen, blättern wir vom Mini-China-Crash im August im Kalender 16 Wochen nach vorn. Anfang Dezember des Jahres 2015 begann nämlich ein erneuter Einbruch, dem ebenfalls keine steigenden Zinsen und Inflationsraten vorangegangen waren. Eine irgendwie geartete Wirtschaftsabschwächung war ebenfalls weit und breit nicht in Sicht.

Der erste Schub, der den DAX 900 Punkte kostete, wurde angeblich durch enttäuschende Lockerungsmaßnahmen der Europäischen Zentralbank ausgelöst. Dabei hatte Mario Draghi sowohl die Laufzeit des Anleihekaufprogramms verlängert als auch den Kreis der Anleihen, die gekauft werden können, erweitert. Mehr hätte man zu diesem Zeitpunkt beim besten Willen nicht erwarten können. Statt sich über diese weiteren Lockerungsmaßnahmen zu freuen, wurde diese positive Nachricht uminterpretiert und es wurde gesagt, sie hätten enttäuscht.

Einen wirklichen Grund, 900 Punkte zu stürzen, haben die erweiterten Lockerungsmaßnahmen des EZB-Chefs nicht geliefert. Beim nächsten 1.000-Punkte-Schub nach unten musste wieder die Furcht vor einer zu schwachen Wirtschaftsentwicklung, diesmal in den USA, herhalten. Auch hier stellt sich wieder die Frage, warum diese plötzliche Furcht vor einer Wirtschaftsabschwächung nicht zwei, drei oder vier Wochen vorher aufgetreten war. Auch die US-Wirtschaft ist so gigantisch, dass sie kaum von heute auf morgen abstürzt, und schon gar nicht ohne dass vorher Zinsen und Inflationsraten geklettert wären.

Das Einzige, was mir an diesen beiden aus meiner Sicht offensichtlich unbegründeten Abstürzen auffiel, war ihr zeitlicher Abstand: 16 Wochen. Ich hatte ja in früheren Büchern mehrfach darüber geschrieben, dass bei der Betrachtung historischer Kursverläufe auffällt, dass bedeutsame Ereignisse wie etwa Einbrüche oft im Takt eines etwa 15-wöchigen Rhythmus auftreten. Der Rhythmus liegt zwischen 15 und 16 Wochen und in diesem Fall eher bei 16. Ich hatte deshalb in meinem Börsenbrief und auf meiner Internetseite im Januar darauf hingewiesen, dass mir die angeführten Gründe für den begonnenen Einbruch nicht zwingend erschienen und ich eher der Meinung war, es könnte sich um eine weitere zyklische Stimmungsverschlechterung handeln, wie ich sie schon mehrfach beschrieben habe.

Deshalb habe ich den DAX über seinen Kursverlauf 16 Wochen zuvor gelegt. Der erneute Einbruch kam tatsächlich 15 bis 16 Wochen nach dem Mini-China-Crash vom August. Meine Schlussfolgerung lautete damals, dass wir vermutlich eine ähnliche Bewegung wie im August vor uns hätten und deshalb im Februar wieder bessere Kurse auf uns warten könnten.

3 **DAX mit sich selbst um 16 Wochen verschoben übereinandergelegt**

DAX in Punkten

Der im Dezember 2015 aktuelle DAX in Schwarz, der DAX 16 Wochen zuvor in Grau.
Quelle: Gebert

Die weitere Entwicklung verlief tatsächlich verblüffend ähnlich dem Einbruch 16 Wochen zuvor:

4 **Der DAX mit sich selbst um 16 Wochen verschoben übereinandergelegt**

DAX in Punkten

Der im Januar 2016 aktuelle DAX in Schwarz, der DAX 16 Wochen zuvor in Grau.
Quelle: Gebert

9. EINE ZEITLICHE GESETZMÄSSIGKEIT FÜR KURSEINBRÜCHE? 59

Es sah so aus, als ob sich der DAX minutiös an einen vorgegebenen Fahrplan gehalten hätte. Und das Bedenkenswerteste an dieser Ähnlichkeit scheint mir, dass bei jeder Bewegung des DAX irgendwelche Gründe in der Börsenberichterstattung zitiert wurden, die für diese jeweilige Bewegung verantwortlich gewesen seien. Dabei hat sich der DAX einfach an das vorgegebene Drehbuch gehalten. Wie erklärt sich eine solche Ähnlichkeit und warum tritt sie in einem Abstand von 16 Wochen auf? Äußere Ereignisse können diese Bewegung nicht ausgelöst haben. Externe Informationen können nicht im 16-Wochen-Rhythmus in exakt gleicher Folge auftreten. Der Grund für diese Bewegung muss in den Menschen selbst zu finden sein. Sie müssen in einem bestimmten zeitlichen Abstand eher von Furcht und Panik ergriffen werden können als zu anderen Zeiten. Es muss sich um einen Rhythmus der am Börsengeschehen beteiligten Menschen handeln. Wie ging es dann weiter?

Attacke auf die deutschen Banken an Karneval

An Karneval kam es zu einer Abweichung vom Drehbuch:

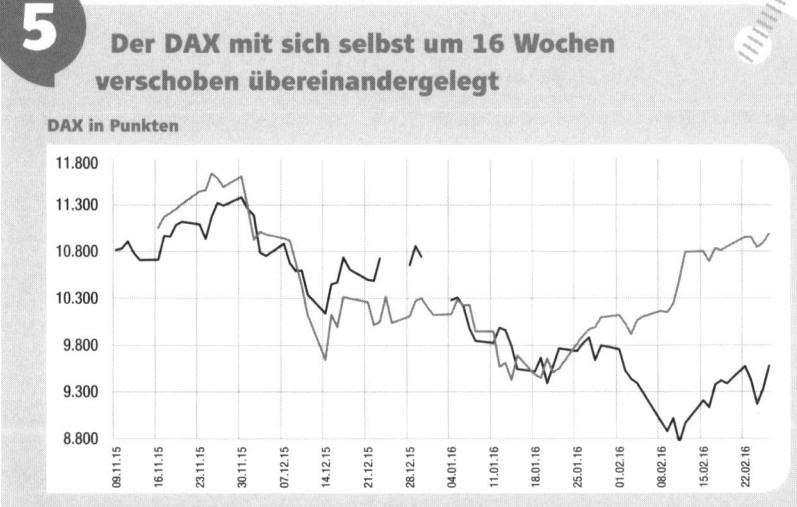

5 **Der DAX mit sich selbst um 16 Wochen verschoben übereinandergelegt**

Der im Februar 2016 aktuelle DAX in Schwarz, der DAX 16 Wochen zuvor in Grau.

Quelle: Gebert

Der DAX brach ein. Ich halte es für möglich, dass es sich bei diesem Einbruch um einen gezielten Angriff gehandelt hat. Ein Hedgefonds oder ein Großanleger, vielleicht George Soros, hat möglicherweise im Vorfeld große Short-Positionen aufgebaut. Dann hat er durch Kommentare in den Medien, eine neue Finanzkrise wie im Jahr 2008 stehe unmittelbar bevor, den Markt verunsichert. Schließlich hat er in großem Stil Kreditausfallversicherungen auf Bankanleihen gekauft. Das ist ein recht enger Markt und man kann dort schon mit wenig Geld große Preisveränderungen herbeiführen. Andere Anleger, die gesehen haben, dass so viele Bankanleihen abgesichert werden, kamen zu dem Schluss, dass die Banken in Schieflage geraten sein müssen. Daraufhin verkauften sie und der Markt stürzte ein.

Dieser Trick hat schon während der Finanzkrise im Jahr 2008 funktioniert. Deshalb wurde damals diskutiert, den Kauf von Kreditausfallversicherungen denjenigen Anlegern zu verbieten, die die Anleihen gar nicht besitzen, die mit diesen Versicherungen abgesichert werden. Nach der Finanzkrise ist dieses Projekt dann in Vergessenheit geraten.

Die Situation in der Karnevalswoche war nicht ungefährlich

Wären aufgrund der fallenden Kurse und der Berichterstattung in den Medien, die jede Panik gern aufgreifen, viele Kunden auf die Idee gekommen, ihr Geld von der Deutschen Bank abzuziehen, um es vermeintlich in Sicherheit zu bringen, hätte dies zum Zusammenbruch des Finanzsystems führen können. Gezielt wurde die Zeit um Karneval herum ausgesucht, weil da die Umsätze gering sind. Da lässt sich schon mit wenig Geld viel Unheil anrichten. Eine andere Erklärung für den Mini-Karnevals-Crash habe ich nicht.

Im Übrigen lässt sich diese Möglichkeit bestätigen oder falsifizieren. Die BaFin kann nachschauen, wer in der Karnevalswoche und in der Woche davor Kreditausfallversicherungen gekauft hat und ob derjenige tatsächlich im Besitz der Anleihen war, die diese Versicherungen abdecken. Wenn sich der Verdacht eines Angriffs bestätigt, besteht dringender Handlungsbedarf. Diese Möglichkeit, ein Kreditinstitut zu Fall zu bringen, die schon während der Finanzkrise 2008 so viel Unheil angerichtet hat, gehört abgestellt.

Verblüffende Übereinstimmung der Abläufe

Von dieser einen Woche vor Karneval abgesehen fällt die Ähnlichkeit der beiden Kursverläufe auf. Die anschließende 800-Punkte-Erholung fand zum gleichen Zeitpunkt im Ablauf statt wie schon 16 Wochen zuvor. Selbst das als kleiner Zacken in der Kurve erkennbare Durchsacken am 24. Februar 2016 hatte seine Entsprechung an gleicher Stelle 16 Wochen zuvor. Wie groß ist die Wahrscheinlichkeit, dass zwei zeitlich auseinanderliegende unabhängige Ereignisse zufällig so gleich ablaufen? Nahe null.

Deshalb wollte ich dieser Ähnlichkeit auf den Grund gehen. Dazu habe ich einmal vom Oktober des Jahres 2001 bis zum Januar des Jahres 2016 die Wochenveränderungen des DAX – also Montagsschlusskurs geteilt durch Montagsschlusskurs von einer Woche zuvor – ausgerechnet und sortiert. In die erste Spalte kamen untereinander die Veränderungen der ersten Woche, der 17. Woche, der 33. Woche und so weiter. Die zweite Spalte wurde gefüllt mit der Rate der zweiten Woche, der 18. und 34. Woche und so weiter. Dann konnte ich durch Multiplikation der übereinanderstehenden Kursveränderungen herausfinden, wie sich der Aktienmarkt von 2001 bis 2016 jeweils in der ersten Woche, der zweiten Woche und so weiter eines möglichen 16-Wochen-Zyklus verändert hat. Wenn ich diese miteinander multiplizierten Wochenveränderungen grafisch auftrage, erhalte ich folgendes Bild:

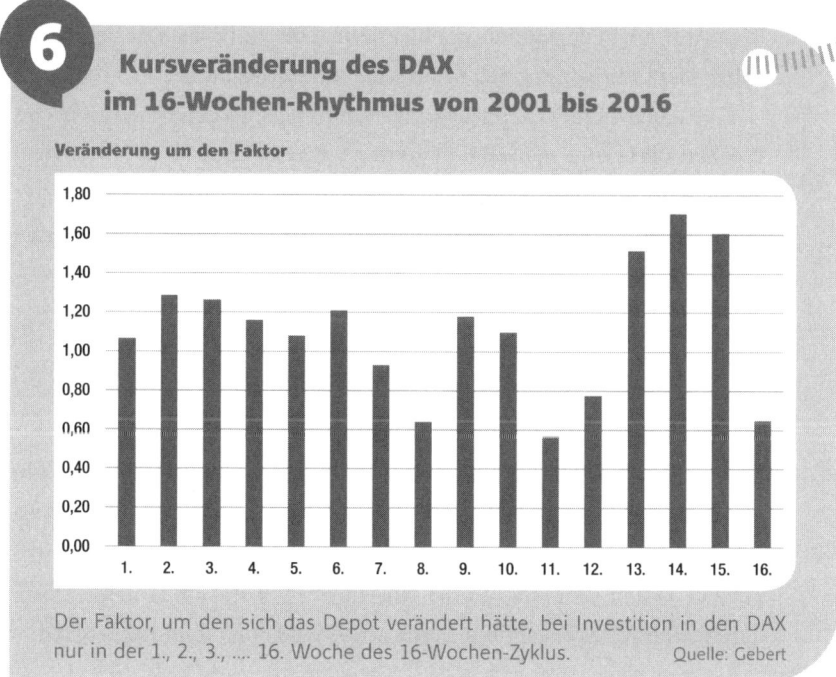

6 **Kursveränderung des DAX im 16-Wochen-Rhythmus von 2001 bis 2016**

Veränderung um den Faktor

Der Faktor, um den sich das Depot verändert hätte, bei Investition in den DAX nur in der 1., 2., 3., ... 16. Woche des 16-Wochen-Zyklus. Quelle: Gebert

Wäre ich von Oktober 2001 bis Januar 2016 jeweils nur in jeder 16. Woche, also der 1., 17. und so weiter, im Aktienmarkt investiert gewesen und in anderen nicht, hätte sich mein Einsatz bis heute um den Faktor 1,06 vermehrt. Als besonders schlecht erwiesen sich in diesem Zyklus die Wochen 8, 11 und 16. Nur in der 8., 24., 40. Woche und so weiter investiert gewesen zu sein hätte das eingesetzte Geld um 36 Prozent geschrumpft. In den elften Wochen der hintereinanderliegenden Zyklen wäre insgesamt ein Verlust von 43 Prozent entstanden und in den 16. Wochen zusammengenommen noch einmal 36 Prozent.

Wenn ich die in der oberen Balkengrafik angezeigten Werte alle miteinander multipliziere, ergibt sich eine Zahl von 2,3. In allen Wochen zusammengenommen hat sich der DAX von Oktober 2001 bis Januar 2015 um den Faktor 2,3 vermehrt. Er ist von 4.258 auf 9.740 Punkte gestiegen. Anhand dieser Grafik kann man also sehen, dass, wenn ich die Wochen 8, 11 und 16 in den 15 Jahren vermieden hätte und mein

Depotwert nicht die einmal 43 und zweimal die 36 Prozent nachgegeben hätte, mein Einsatz auf das Zehnfache angestiegen wäre.

Eine andere sinnvolle Strategie wäre zum Beispiel gewesen, nur in den Wochen 13, 14 und 15 investiert gewesen zu sein. Allein dies hätte einen deutlich höheren Ertrag gebracht als die Dauerinvestition von Oktober 2001 bis Januar 2016. Das Geld hätte sich in diesen jeweils drei Wochen vervierfacht, gegen den Faktor 2,3 bei der Buy-and-hold-Strategie.

Der 16-Wochen-Rhythmus ist seit 1960 zu beobachten

Nun wollte ich wissen, ob es sich bei diesem 16-Wochen-Rhythmus um ein neueres Phänomen handelt oder ob es in den Jahrzehnten davor auch schon zu beobachten war. Dazu habe ich die oben beschriebenen Rechnungen für den Zeitraum vom 30. November 1959 bis zum 11. Januar 2016 durchgeführt, das Ergebnis grafisch aufgetragen und unten abgebildet:

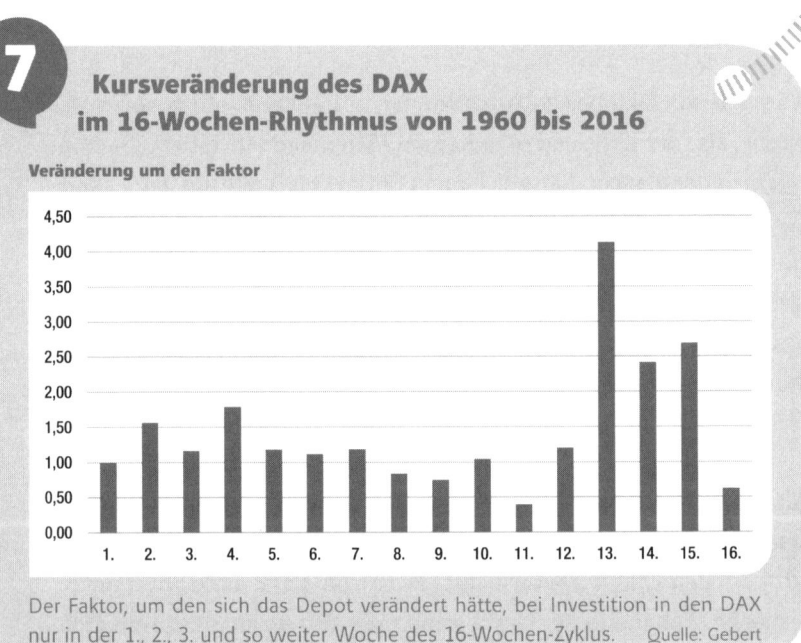

7

Kursveränderung des DAX im 16-Wochen-Rhythmus von 1960 bis 2016

Veränderung um den Faktor

Der Faktor, um den sich das Depot verändert hätte, bei Investition in den DAX nur in der 1., 2., 3. und so weiter Woche des 16-Wochen-Zyklus. Quelle: Gebert

Die für den Zeitraum 2001 bis 2016 gefundenen Ergebnisse ließen sich auch für den gesamten Zeitraum 1960 bis 2016 reproduzieren. Die Wochen 11 und 16 fielen auch über die 56 Jahre hinweg durch eine ausgeprägte Schwäche auf. Von 1960 bis zum Jahr 2016 durchgehend investiert gewesen zu sein hätte den angelegten Einsatz versechsundzwanzigfacht. Hätte man in den 56 Jahren die Wochen 11 und 16 ausgelassen, wäre das investierte Kapital dagegen auf das 95-Fache gestiegen. Es ließ sich ein mehr als dreimal so hoher Ertrag erzielen, wenn man im 16-Wochen-Takt jeweils die 11. und die 16. Woche ausgelassen hätte.

Eine statistisch signifikante Anomalie

Der betrachtete Zeitraum von 1960 bis 2016 umfasst 2.928 Wochen, also 183 mal 16 Wochen. Wenn ich von diesen 2.928 Wochen 183 beliebige Wochen heraussuche und annehme, dass ich nur in diesen investiert gewesen wäre, hätte mein Depotwert um 42 Prozent, den Mittelwert der Zunahmen, zugelegt. Wenn ich jedoch wie oben beschrieben das Auswahlkriterium für die 183 Wochen nach dem 16-Wochen-Rhythmus anwende, bekomme ich ein anderes Ergebnis: Eine Investition in jeweils der 11. Woche hätte das Portfolio um 61 Prozent vermindert, in jeweils der 13. Woche jedoch um den Faktor 4,1 vermehrt. Dies scheint mir statistisch signifikant zu sein. Dass der Einbruch vom Januar und Februar des Jahres 2016, von der Woche vor Karneval abgesehen, so sehr ähnlich dem Mini-China-Crash vom August des Jahres 2015 abgelaufen ist, scheint ebenfalls kein Zufall zu sein.

Die beiden Haupt-Abwärtsschübe, sowohl beim Mini-China-Crash als auch beim Einbruch zu Anfang des Jahres 2016, ereigneten sich in den Wochen 11 und 16 des fortlaufenden 16-Wochen-Rhythmus.

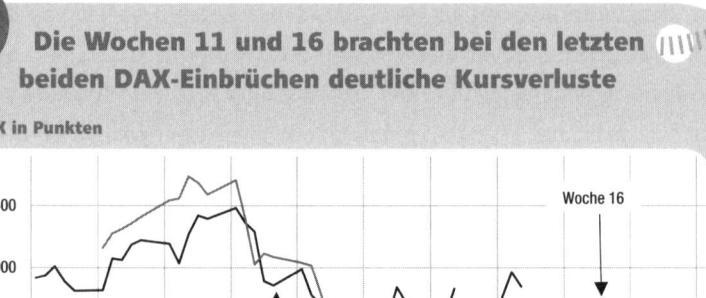

DAX in Punkten

11.400   Woche 16

10.900

10.400

9.900   Woche 11

9.400

09.11.15 · 16.11.15 · 23.11.15 · 30.11.15 · 07.12.15 · 14.12.15 · 21.12.15 · 28.12.15 · 04.01.16 · 11.01.16 · 18.01.16

Der Einbruch von Dezember 2015/Januar 2016 in Schwarz und der von August/ September 2015 in Grau.   Quelle: Gebert

In der gewöhnlich freundlichen Woche 13 fand trotz des schwierigen Umfelds mitten in einer Baisse eine leichte Erholung statt.

Die 16-Wochen-Strategie

Aus dieser seltsamen 16-Wochen-Anomalie lässt sich eine interessante Strategie ableiten. Ein Anleger, der von 1960 bis zum Jahr 2016 nur in den Wochen 13, 14 und 15 in Aktien investiert gewesen wäre und in den schwachen Wochen 9, 11 und 16 auf fallende Kurse gesetzt hätte, könnte sich heute über eine Steigerung seines Depotwertes um den Faktor 148 freuen. Der DAX selbst konnte sich in diesem Zeitraum nur um den Faktor 26 steigern. Dabei muss man bedenken, dass der Anleger nur in 38 Prozent der Zeit, in jeweils sechs der 16 Wochen des Zyklus, investiert gewesen wäre. In den restlichen 62 Prozent der 56 Jahre hätte er sein Geld verzinslich anlegen können, was den Ertrag noch mal deutlich gesteigert hätte. Durch die Verzinsung zum Diskontsatz beziehungsweise nach Einführung des Euro zum Hauptrefinanzierungssatz in den nicht investierten Wochen hätte sich das Depot sogar um den Faktor 550 gesteigert. Dieser zusätzliche Vorteil lässt sich im Moment wegen der Zinsen von nahe null jedoch nicht mehr reproduzieren. Der Anleger könnte auch die zehn Wochen, in denen das Geld nicht investiert ist, nutzen und in der Zeit Gold halten. So nimmt er zusätzlich an 62 Prozent der möglicherweise auftretenden Goldpreisanstiege teil. Doch auch wenn sich das Geld in der Barphase nicht mehr verzinst und auch nicht in Gold angelegt ist, sinkt das Risiko bei dieser Strategie erheblich gegenüber einer reinen Aktienanlage, da sich der Anleger nur noch in 38 Prozent der Zeit den Gefahren des Aktienmarktes aussetzt. In 62 Prozent der Zeit kann ihm kein schlimmes Unheil passieren.

Ferner scheint mir der größte Vorteil dieser Strategie zu sein, dass sie sich marktneutral verhält. Da sie in 19 Prozent der Zeit auf steigende Kurse setzt, also long ist, und in weiteren 19 Prozent der Zeit auf fallende Kurse setzt, also short ist, tendiert sie im Mittel des Jahres neutral. Ihr Erfolg basiert also nicht darauf, dass eine große Aufwärtsbewegung der Aktien notwendig ist. Dies kann man in der Grafik erkennen, die die Entwicklung eines Depots von 100 Euro, umgerechnet in D-Mark damals, in den letzten 56 Jahren darstellt.

9 **Die angewandte 16-Wochen-Strategie**

Depotwert in Euro

Depotverlauf in Schwarz.   Quelle: Gebert

Man sieht, dass sich der Depotwert vom Anfang des Jahres 2000 bis zum März des Jahres 2003 verdoppelt hat. In dieser Zeit hat sich der DAX von über 8.000 bis auf 2.200 Punkte fast geviertelt. Dass gerade in der schlimmsten und längsten Baisse der deutschen Aktiengeschichte die 16-Wochen-Strategie den Depotwert verdoppeln konnte, liegt daran, dass die Abwärtsschübe hauptsächlich in den schwachen Wochen 11 und 16 auftraten. Da war die Strategie short und gewann an den Stürzen. Als Auslöser dieser Baisse wurde das Platzen der Internetblase identifiziert. Die Aktieneuphorie Ende der Neunzigerjahre wich einer großen Ernüchterung. Die Kurse gaben drei Jahre lang nach. Das Depot des einen oder anderen Anlegers, der zum Beispiel auf dem Höhepunkt der Interneteuphorie Deutsche Telekom zu 100 gekauft hatte, wurde irreparabel geschädigt. Das Depot des 16-Wochen-Strategen konnte in dieser Zeit erstaunlicherweise nicht nur diesen Zusammenbruch vermeiden, sondern einen deutlichen Zuwachs verzeichnen. Der schlimmste Rückgang, den diese Strategie in den 56 Jahren erleiden musste, war ein Einbruch von 25 Prozent. Dieser Rückschlag fand während der

Golfkriegs-Baisse der Jahre 1990 und 1991 statt. Saddam Hussein hatte Kuwait offensichtlich zu einer für den 16-Wochen-Investor falschen Zeit überfallen. Dies klingt jetzt etwas missverständlich. Er hätte Kuweit natürlich überhaupt nicht überfallen sollen. So jedenfalls war der Einmarsch der irakischen Truppen der bisher ungünstigste Fall.

Auch von der hässlichen Finanzkrise des Jahres 2008 blieb der 16-Wochen-Investor vollkommen unbehelligt. Im Gegenteil, während der DAX-Anleger beinahe eine Halbierung seines Depotwertes mit ansehen musste, konnte die 16-Wochen-Strategie den Depotwert von Ende 2007 bis zum April des Jahres 2009 um 41 Prozent steigern. Dem großen Vorteil dieser Strategie, dass sie marktneutral ist, sollte gerade in den nächsten Jahren eine besondere Bedeutung zukommen. Wie ich im weiteren Verlauf des Buches noch darlegen werde, scheinen die Möglichkeiten des DAX zu dauerhaften Kursgewinnen wegen der verschwindend geringen Inflationsrate, des gegen null tendierenden Produktivitätswachstums und der nicht mehr weiter sinkenden Zinsen begrenzt. Da wäre gerade eine Strategie willkommen, die auch bei einem nicht mehr steigenden Gesamtmarkt Erträge verspricht. Zum Beispiel konnte diese Vorgehensweise zwischen 1960 und 1980 den Anlagebetrag verdreifachen, während der DAX in dieser Zeit stagnierte.

Überzeugend wirkt an dieser Strategie, dass sie über einen solch langen Zeitraum von 56 Jahren eindrucksvoll funktioniert hätte. Bei vielen anderen Strategien werden häufig nur kurze Zeitspannen, etwa zehn Jahre oder weniger, bei der Entwicklung zurate gezogen. So ergibt es sich häufig, dass Strategien gefunden werden, die für eine ausgewählte Zeitspanne zwar funktioniert hätten, aber eben gerade nur für diese Zeitspanne, für die sie optimiert worden sind. Deswegen sagt man mit einer gewissen Berechtigung, dass eine gefundene Strategie nichts anderes aussagt, als dass dieser gemessene Faktor gerade überkauft ist. Das heißt, man findet einen gewinnversprechenden Faktor aus dem Rauschen der Kurse nur heraus, wenn er selbst gerade seinen Gipfel ausgeprägt hat. Nachdem man ihn gefunden hat, verschwindet er wieder im Rauschen der Kurse. Das deckt sich mit dem Bonmot, dass jede Strategie in dem Moment aufhört zu funktionieren, in dem man sie gefunden hat. Bisher wurde dies damit erklärt, dass, wenn sich dann alle an diese neu gefundene Strategie halten, sie nicht mehr funktionieren kann, weil dann alle entsprechend vorher kaufen oder verkaufen. Doch das scheint nicht der Grund des Scheiterns zu sein. Der Fehler liegt darin, dass die Strategie gerade beim Auffinden ihren Gipfel erreicht hatte, sonst wäre sie nicht gefunden worden.

Insofern wirkt die 16-Wochen-Anomalie vertrauenerweckender, weil sie sich über einen solch langen Zeitraum von 56 Jahren feststellen lässt. Besonders wichtig erscheint mir daran vor allem, dass sich der gegenüber dem Dauerinvestment höhere Ertrag mit einem deutlich reduzierten Risiko erzielen ließ. Der Anleger war überhaupt nur in 38 Prozent der Zeit dem Aktienmarkt ausgesetzt. Jedes Unheil, jeder Absturz und jeder Zusammenbruch hätte ihn nur mit einer Wahrscheinlichkeit von 38 Prozent erwischt und eigentlich nur mit 19 Prozent, weil er nur in 19 Prozent der Zeit überhaupt long investiert war. Da die Strategie im Mittel der Zeit weder long noch short, sondern neutral aufgestellt ist, sollte auch bei einem etwaigen Verschwinden dieser Anomalie nichts deutlich anbrennen. Bei einer zufälligen Verteilung der Kursbewegungen sollte der Ertrag auf null schrumpfen, unabhängig von der Richtung des Aktienmarkts, egal ob er steigt oder fällt. So scheint mir diese Strategie recht risikoarm, da selbst bei einem Verschwinden der Anomalie der Erwartungswert des Ertrages nur auf null sinkt und nicht ins Minus.

Angst vor der nächsten Krise darf nicht das einzige Kriterium für die Anlagestrategie sein

So, warum ich das alles erzähle: Ich möchte einige Kriterien zusammenstellen, anhand derer man entscheiden kann, wann eine Investition in welches Finanzinstrument günstig erscheint. Man muss den Fehler vermeiden, aus Angst vor einer Krise eine falsche Entscheidung zu treffen. Bargeld unter die Matratze zu stopfen und auf den Weltuntergang zu warten ist keine Option. Man muss, wenn man die Möglichkeit einer schweren Krise einplant, trotzdem auch für den Fall richtig positioniert sein, dass die Krise ausbleibt. Dies wird nämlich die wahrscheinlichere Entwicklung bleiben.

Weltuntergänge sind relativ selten

Wenn ich auf die 40 Jahre zurückblicke, die ich die Börse beobachte, habe ich die Erfahrung gemacht, dass es irgendwie immer weitergeht. Die Welt wird nicht aufhören sich zu drehen, und am nächsten Tag werden wieder Aktien gehandelt. Letztlich haben sich die Aktienkurse selbst von den schwersten Krisen immer wieder erholt, auch wenn es manchmal einige Jahre gedauert hat, die alten Höchstkurse wieder zu erreichen. Selbst bei dem Börsencrash 1987, bei dem sich die Aktienkurse halbiert hatten und man dachte, das Ende sei nahe, lief das Leben weiter. Zwei Jahre später hatte der DAX schon wieder einen neuen Gipfel erklommen.

Günstige und ungünstige Zeitpunkte für eine Aktienanlage

Deshalb möchte ich noch einmal zusammentragen, was es über günstige und ungünstige Zeitpunkte bei der Aktienanlage zu wissen gibt. Jede schwerere Krise hat sich bisher aus einer Rezession heraus entwickelt. Zunächst einmal mussten negative Wachstumsraten für das Bruttoinlandsprodukt vorhanden sein, bevor eine weitere Verschärfung der Situation eintrat. Banken gehen nicht aus heiterem Himmel pleite. Wenn die Wirtschaft gut läuft, sind die Kreditnehmer in der Regel in der Lage, ihre Zinsen und Rückzahlungen zu leisten. Erst in einer Rezession kommt es zu Zahlungsausfällen und damit zu Schwierigkeiten für Banken, die vermutlich im Zentrum einer neuen oder der nächsten Krise stehen werden.

Jeder Rezession in den USA gingen stark angestiegene Inflationsraten und Zinsen voraus

Mit diesen beiden Größen verfügt man über Anhaltspunkte, zu welchen Zeitpunkten eine Verschlechterung der wirtschaftlichen Entwicklung eintreten kann. Eine normale Rezession ist aber noch nicht das Ende der Welt. In der Vergangenheit erholte sich die Wirtschaft regelmäßig von Flauten und wuchs danach umso kräftiger. Doch über die bloße leichte Wirtschaftsabschwächung hinaus birgt eine Rezession noch größere Gefahren. Wenn durch eine Wirtschaftsabschwächung die Unternehmen in einem Jahr etwas weniger verdienen und dafür im nächsten Jahr wieder mehr, ist eine Rezession nicht weiter erwähnenswert.

Doch wenn mehrere Firmen oder eine ganze Branche durch die schlechte Wirtschaftslage in Schwierigkeiten geraten und ihre Kredite nicht mehr bedienen können, kann es sein, dass Banken die Forderungen abschreiben müssen. Liegen diese Wertberichtigungen in der Höhe des Eigenkapitals einer Bank, kann ihre Existenz bedroht sein.

Die Pleite einer einzelnen Firma wird unser Finanzsystem nicht ins Wanken bringen. Wenn allerdings eine Bank in Schwierigkeiten gerät, steht unser gesamtes Zahlungssystem zur Disposition. Und sobald eine Bank tatsächlich ihre Türen schließen muss, geraten auch andere Kreditinstitute in Bedrängnis. Erstens sind die Banken untereinander durch Kredite verflochten. Durch die Pleite einer Bank geraten auch andere Banken in Zahlungsschwierigkeiten. Zweitens könnten Kunden aus Angst, ihre Guthaben zu verlieren, versuchen ihr Geld abzuheben. Einen „bank run" kann eine Bank nicht überleben, da sie die vergebenen Kredite nicht kurzfristig zurückfordern kann, um mit dem Geld die Spargelder auszuzahlen. Wenn plötzlich alle Kunden ihre Guthaben wiederhaben wollen, kann die Bank dem nicht nachkommen.

Die Rezession selbst ist also nicht das Problem, sondern die mögliche Zahlungsunfähigkeit einer Bank aufgrund der Rezession. Wenn die Wirtschaft gut läuft, besteht wenig Anlass, an der Solidität von Banken zu zweifeln. Erst in der Rezession kann sich gewissermaßen aus einem leichten Schnupfen eine Lungenentzündung entwickeln. Ein weiteres Problem ist in der letzten Zeit durch die niedrigen Zinsen hinzugetreten.

Die bereits niedrigen Zinsen erschweren eine Rezessionsbekämpfung durch die Notenbank

Der Tagesgeldsatz wird von der Notenbank beeinflusst und liegt im Mittel der Jahrzehnte auf der Höhe der Inflationsrate. Läuft die Wirtschaft zu gut und es kommt durch zu hohe Nachfrage zu Lieferengpässen und steigenden Preisen, erhöht die Notenbank den Tagesgeldsatz auf einen Wert etwa zwei Prozentpunkte über der Inflationsrate. Kredite werden damit teurer, die Nachfrage sinkt und die Inflationsrate gibt wieder nach. Als Folge eines solchen Bremsmanövers entwickelt sich in der Regel eine Rezession, die den Preisauftrieb bremst.

Wächst die Wirtschaft nur schleppend und die Notenbank möchte sie ankurbeln, senkt sie den Tagesgeldsatz auf bis zu zwei Punkte unter die jeweilige Inflationsrate. Diese Vorgehensweise ist mit einer Inflationsrate von null Prozent nun jedoch an ihre Grenzen gestoßen. Auf einem Konto lassen sich leicht Zinsen von minus einem Prozent einführen, aber um diesem Geldschwund aus dem Wege zu gehen, weichen die Menschen auf Bargeld aus. In den Planungsstäben der Notenbanken wird deshalb bereits darüber nachgedacht, wie sich unter diesen Umständen die Wirtschaft sonst noch ankurbeln ließe.

Innerhalb der Bank of England wird die Abkehr vom Bargeld favorisiert. Etliche Wirtschaftszweige, etwa der Drogenhandel und die Prostitution, würden ohne Bargeld allerdings in Bedrängnis kommen. Der erste Schritt bei dieser Abkehr vom Bargeld wäre, dass bei einer Bareinzahlung von 100 Euro zum Beispiel nur 99 Euro gutgeschrieben würden. Als weiterer Schritt würden keine Scheine über einem Nennwert von 20 Euro mehr ausgegeben. Für Sichtguthaben und Spargelder würde ein Zins von minus ein Prozent eingeführt. Da so pro Jahr ein Prozent der Kontoguthaben verschwinden, erhofft man sich, dass die Menschen ihr Geld lieber ausgeben, als es auf ihrem Konto dahinschmelzen zu sehen.

Ein anderer Weg, der in den USA favorisiert wird, sieht eine massive Ausweitung der Notenbankkäufe vor, die bisher unter dem Titel „Quantitative Easing" auf Anleihen beschränkt waren. Als nächster Schritt würden Aktien und Gold in großem Stil von der Notenbank gekauft. Der Ankauf von Gold führte die Amerikaner nach 1932 aus der schweren Wirtschaftskrise. Hier gäbe es also bereits einen erfolgreichen Präzedenzfall. Diese Maßnahme allein wird vermutlich schwierig durchzuführen sein, weil davon hauptsächlich diejenigen profitieren, die bereits Gold und Aktien haben. Die Reichen werden immer reicher, wird es heißen.

Letztlich bleibt zur Wirtschaftsankurbelung nur die großflächige Verteilung von Bargeld übrig

Deshalb bleibt als dritte Möglichkeit, allein oder in Kombination mit der zweiten Möglichkeit, die großzügige Verteilung von Bargeld. Diesem durchaus ernst gemeinten Vorschlag verdankt der ehemalige Fed-Chef Ben Bernanke seinen Spitznamen „Helicopter Ben". Die amerikanische Notenbank würde in großen Mengen Geld drucken und 100-Dollar-Noten an Bedürftige verschicken. Streng genommen war unsere mit der Ausgabe von später in Draghis Portfolio gelandeten Anleihen finanzierte Abwrackprämie nichts anderes, als Geld zu drucken und an einen ausgewählten Personenkreis zu verteilen. Insofern gäbe es hier bei uns auch einen erfolgreichen Präzedenzfall. Da sich an der Inflationsrate von nahe null in den großen Industrieländern in naher Zukunft nichts ändern wird, wird bei der nächsten Wirtschaftskrise wohl einer dieser drei Wege oder alle drei beschritten werden. Bei uns vermutlich der dritte, weil er einen Präzedenzfall vorweisen kann.

Eine Rezessionsbekämpfung wird sich in Zukunft schwierig gestalten

Deshalb ist es für die Anleger in jedem Fall besser, einer Rezession schon im Vorfeld aus dem Weg zu gehen. Bisher konnte man das dadurch bewerkstelligen, dass man auf Inflationsrate und Zinsen achtete. Vor jeder Rezession der letzten 50 Jahre trat eine sogenannte Zinsinversion ein. Der Kurzfristzins war über den Langfristzins gestiegen. Man kann diese Konstellation getrost als absolutes Verkaufssignal bezeichnen. Soweit die Daten zurückreichen, ob bei steigenden Inflationsraten in den Siebzigerjahren oder fallenden Inflationsraten in den Achtziger- und Neunzigerjahren, folgte stark steigenden Zinsen eine Rezession so sicher wie das Amen in der Kirche.

Kann eine Rezession auftreten, ohne dass vorher die Zinsen steigen?

Nun werde ich oft gefragt, ob bei dem Nullzinsumfeld der jüngsten Zeit der Börsenindikator noch funktioniert. Anders ausgedrückt, kann sich eine Rezession entwickeln, ohne dass vorher die Inflationsraten und Zinsen steigen? In den letzten 50 Jahren hat es das noch nicht gegeben. Das heißt aber nicht, dass man es ganz ausschließen kann. Doch woher sollte ohne steigende Zinsen die Wirtschaftsabschwächung kommen? Im Normalfall sollte alles seinen gewohnten Gang gehen, die Menschen kaufen ein und gehen aus. Warum sollten sie auf einmal aufhören zu konsumieren?

Ein extremer Schock könnte auftreten. Die Gefahr des Auseinanderbrechens des Euro könnte die Menschen kurzfristig lähmen und zu Kaufzurückhaltung wegen der Unsicherheit über die Zukunft führen. Doch eine Gefahr für den Euro wird vermutlich auch erst in einer Rezession auftreten. Solange die Wirtschaft gut läuft, besteht wenig Grund, an der Zukunft zu zweifeln. Ein äußeres Ereignis, das zu Kaufzurückhaltung bei den Konsumenten führt, lässt sich dennoch nicht ausschließen. Trotzdem muss man die Wahrscheinlichkeiten im Blick behalten.

Als Aktionär sollte man in jedem Fall die Inflationsrate und den Zins beobachten. Sie liefern Aufschluss darüber, ob eine Rezession, aus der sich dann weitere noch schwerwiegendere Probleme ergeben können, vermutlich auftreten wird oder nicht. Rezessionen ohne steigende Zinsen sind möglich, bisher aber noch nicht aufgetreten. Auch ohne Rezession konnte der DAX in der Vergangenheit, zum Beispiel im August 2015 oder im Januar 2016, empfindlich stürzen. Da keine Rezession folgte, erholten sich die Kurse wieder.

Bei diesen Befindlichkeitsstörungen des DAX sollte man den 16-Wochen-Rhythmus der Empfänglichkeit für Panikanfälle beobachten. Auch Einbrüche vor Rezessionen, die sich dann noch schlimmer entwickelten, traten bevorzugt zu Zeitpunkten auf, an denen die Anleger aufgrund der Rhythmik für Panik besonders anfällig waren. Die Woche vom Montag, dem 19. Oktober 1987, bis zum Montag, dem 26. Oktober 1987, in der der berühmte Crash stattfand, liegt nach der Zählung des 16-Wochen-Rhythmus in der ausgeprägt schwachen Woche 16, in der auch beim Mini-China-Crash vom August 2015 und beim Einbruch im Jahr 2016 die Kurse so deutlich nachgaben.

Es existieren also im Rahmen dieser Zyklik Zeitpunkte, in denen das Elend die Börse bevorzugt aufsucht. Bei einer Aktienanlage sollten also sowohl die Zinsen und die Inflationsraten – in Kombination mit dem Dollar und der Jahreszeit im Börsenindikator zusammengefasst – als auch der 16-Wochen-Rhythmus beobachtet werden.

Wie kann man sich sonst noch vor einer Baisse und einer Rezession schützen?

Dazu muss man den Kursverlauf selbst als Informationslieferant betrachten. Es hilft, wenn man einen gegebenen Kursverlauf dahingehend einordnen kann, was er widerspiegelt. Lassen sich in den Abläufen gewisse Gesetzmäßigkeiten finden? Dazu hatte ich in meinem Börsenbrief Anfang Februar 2016 einmal alle Baissen seit 1990 übereinandergelegt, die von Juli 1990, Mai 1992, Juli 1998, März 2000, Januar 2001, Juli 2001 und September 2008, und mit dem aktuellen Kursverlauf verglichen.

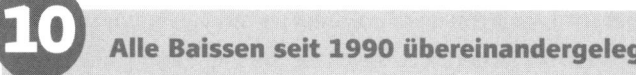

10 Alle Baissen seit 1990 übereinandergelegt

Relative Werte

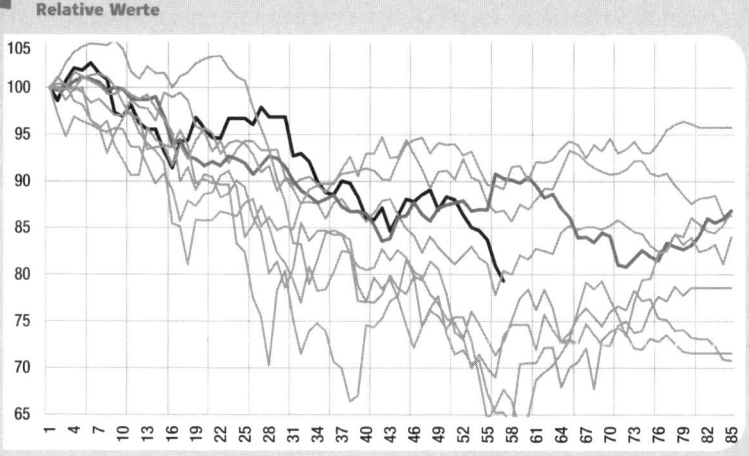

Der Einbruch vom Januar 2016 in Schwarz, die Abwärtsbewegung vom Mai 1992 in Dunkelgrau und die anderen Baissen in Grau in Tagen.　　Quelle: Gebert

Alle diese Abwärtsbewegungen zeigen als Gemeinsamkeit die Dauer. Bis auf einen Fall, die Abwärtsbewegung im Mai 1992 (dunkelgrau), hatten alle Baissen fast exakt die gleiche Länge. Im Mai 1992 hatte die Abwärtsbewegung früher ihren Tiefpunkt erreicht, sich erholt und war dann später noch einmal auf den Tiefpunkt hinabgefallen. Die längeren Abwärtsbewegungen, wie die vom Jahr 2000 bis zum Jahr 2003, verliefen in mehreren Schüben, von denen die einzelnen Schübe die Länge von 60 Börsentagen nicht überschritten. Nach 60 Börsentagen kam es bisher immer mindestens zu deutlichen Erholungen.

Nach 60 Börsentagen ist ein Baisse-Schub vorbei

Wenn man in solch einen Abwärtsstrudel hineingerät, kann man also davon ausgehen, dass nach 60 Tagen zumindest eine Erholung ansteht. So kann man schon mal vermeiden, dass man zum Tiefpunkt verkauft. Oft veranlasst gerade der letzte Schub nach unten, der gewöhnlich von

Panik begleitet wird, viele Anleger dazu, alles zu verkaufen, um zu retten, was noch zu retten ist. In der Regel macht es Sinn, in diese Panik hinein nicht zu verkaufen. Nach 60 Tagen bergab kommt zunächst einmal eine freundliche Phase. Ich hatte aufgrund der Grafik vermutet, dass es keinen Sinn machen würde, sich von der Karnevalspanik Anfang Februar anstecken zu lassen. Es schien zu dem Zeitpunkt wahrscheinlich, dass sich wie auch in früheren Baissen nach dieser Zeitspanne zunächst eine Erholung anschließen würde.

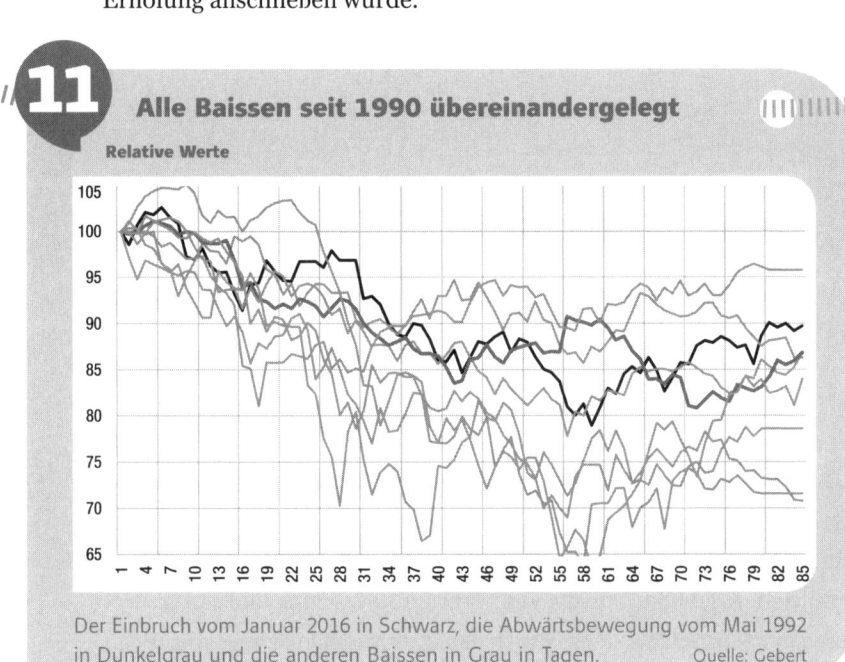

11 Alle Baissen seit 1990 übereinandergelegt

Relative Werte

Der Einbruch vom Januar 2016 in Schwarz, die Abwärtsbewegung vom Mai 1992 in Dunkelgrau und die anderen Baissen in Grau in Tagen. Quelle: Gebert

Tatsächlich ließ die Erholung nicht lange auf sich warten. Zwei Tage später ging es bergauf. Wenn es sich bei einer begonnenen Baisse um eine lange Abwärtsbewegung handelt, tritt sie in mehreren Schüben auf. Die Wirtschaftslage, nach der sich die Aktienkurse letztendlich richten, verschlechtert sich nicht so geschwind, dass sich die Kurse in einem Schub halbieren. Die Weltwirtschaft kann man mit einem Tanker vergleichen, der nur sehr langsam die Richtung ändert.

Eine Baisse im 16-Wochen-Takt

Die Abwärtsbewegung des Jahres 2008 zum Beispiel trat in mehreren Etappen von jeweils etwa 16 Wochen Dauer auf. In der nachfolgenden Grafik habe ich einmal den Verlauf des DAX vom Dezember des Jahres 2007 bis zum März des Jahres 2009 aufgeführt.

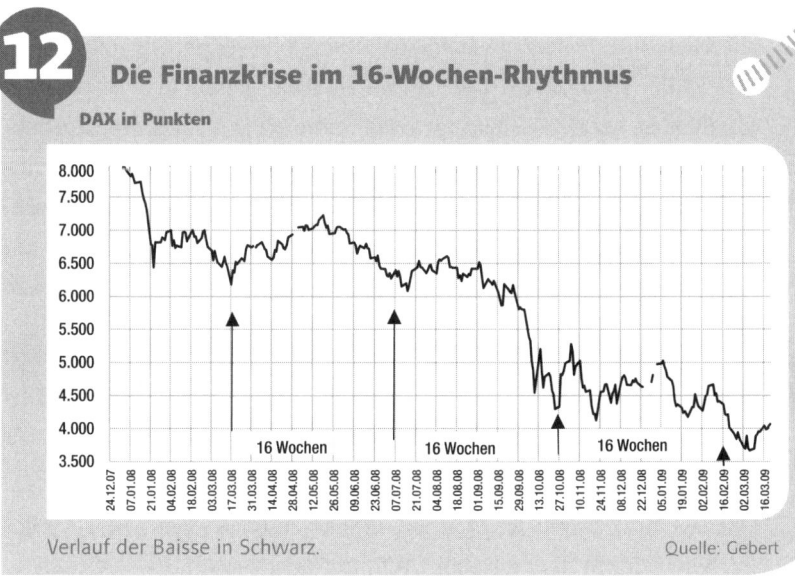

12 Die Finanzkrise im 16-Wochen-Rhythmus

DAX in Punkten

Verlauf der Baisse in Schwarz. Quelle: Gebert

Nach dem ersten Tiefpunkt am 10. März konnte sich der DAX neun Wochen lang wieder erholen. Dabei legte er knapp 15 Prozent zu. Dieser Anstieg stellte sich als nicht dauerhaft heraus. In den darauffolgenden Wochen gab er wieder nach. Der nächste Tiefpunkt wurde fast exakt 16 Wochen nach dem ersten Tiefpunkt erreicht. Danach folgte wieder eine leichte Erholung, die allerdings nur vier bis sechs Wochen dauerte. Knapp zehn Prozent konnte der DAX in dieser Zeit gewinnen. Danach verschärfte sich die Krise und es ging steil bergab. Der nächste Tiefpunkt wurde wieder im 16-Wochen-Rhythmus erreicht. Während dieses Abwärtsstrudels musste der DAX mehr als ein Drittel seines Wertes abgeben.

Im dritten 16-Wochen-Zyklus konnte er sich nach einem kurzen steilen Anstieg und einem erneuten Abfall wieder etwa neun Wochen lang erholen, bevor die Kurse wieder ins Rutschen kamen. In den nächsten acht Wochen gab er dann fast 30 Prozent nach. Damit war, pünktlich im 16-Wochen-Rhythmus, der letzte Tiefpunkt erreicht. Die neue lange Hausse, die bis zum März des Jahres 2015 laufen sollte, konnte beginnen. Der Kursverlauf richtete sich also aus meiner Sicht weniger nach der aktuellen Nachrichtenlage, sondern entfaltete eine eigene Ablaufdynamik. Wie ist das zu erklären? Die schlechten Nachrichten, die während der Finanzkrise auf den DAX einprasselten, traten ja nicht im 16-Wochen-Rhythmus auf. Es muss also eine zyklische Bereitschaft der Anleger dazu vorhanden sein, in Panik zu verfallen. Zu anderen Zeiten stören schlechte Nachrichten die Anleger kaum. Warum sich diese Befindlichkeit der Anleger gerade in einem 16-Wochen-Rhythmus ändert, ist noch nicht geklärt.

Die Verläufe der einzelnen Abwärtsetappen ähneln sich

Wie sich die Abläufe der Etappen der langen Baisse gleichen, zeigt das nächste Bild, in dem ich den DAX und den Verlauf des DAX um 32 Wochen verschoben übereinandergelegt habe: Fast wiederholt sich der gesamte Vorgang 32 Wochen später noch einmal.

DAX in Punkten

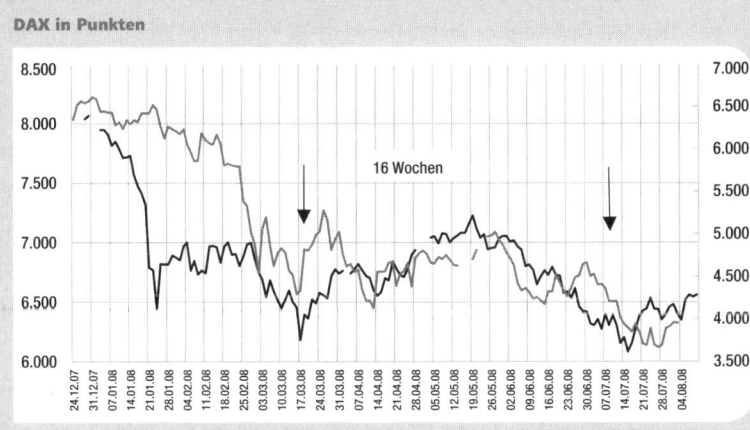

Der DAX von Dezember 2007 bis August 2008 in Schwarz auf der linken Skala,
die um 32 Wochen verschobenen Wochen von August 2008 bis März 2009 in
Grau auf der rechten Skala.   Quelle: Gebert

Der Start der Baisse zum Jahreswechsel 2008 (hier schwarz gezeichnet)
begann zwar etwas stürmischer, aber der Tiefpunkt wurde an der
gleichen Stelle erreicht wie in der Etappe 32 Wochen später. Auch
zwischen den Tiefpunkten entwickelten sich die Kurse, um 32 Wochen
zeitlich versetzt, parallel.

Welche Methoden könnte man noch anwenden, um kommenden Krisen aus dem Weg zu gehen?

Man könnte doch einfach verkaufen, wenn die Kurse fallen, und erneut
einsteigen, wenn es wieder nach oben geht, oder? Klingt gut. Aber wie
genau sähe die Durchführung aus? Wann ist der Kurs so viel gefallen,
dass eine Baisse droht, und woher weiß ich, dass er sich nicht am
nächsten Tag wieder erholt? Eine Methode, den Trend zu bestimmen,
besteht im Einzeichnen der gleitenden Durchschnittslinien. Diese

Durchschnitte stellen die jeweiligen Mittelwerte der zum Beispiel letzten 200 Tage dar.

Wenn der Kurs des DAX unter seinen Mittelwert der letzten 200 Tage gefallen ist, befindet er sich offensichtlich in einer Abwärtsbewegung. Ich verkaufe also an dem Tag, an dem der Kurs erstmalig um 17:30 Uhr unter der 200-Tage-Linie geschlossen hat, kurz nach 17:30 Uhr meine Aktien. Dann kann ich wieder kaufen, wenn der DAX den Mittelwert der dann letzten 200 Tage übertrifft. Tatsächlich hätte man mit dieser Vorgehensweise in den letzten 55 Jahren den DAX geschlagen. An- und Verkaufsspesen nicht eingerechnet, hätte sich das Kapital von 1960 bis heute mit dieser Methode um den Faktor 38 vermehrt. Der DAX selbst notiert heute nur 19-mal so hoch wie damals.

Doch das Problem solcher Trendfolge- oder Trendstärkesysteme liegt darin, dass sie nur in ausgewählten Zeitspannen funktionieren, so logisch und plausibel die Vorgehensweise auch klingt. Die Outperformance, wie man heute sagt, trat zwischen den Jahren 1960 und 1980 auf. In der Zeit konnte das System den Faktor zwei gegen den DAX herausholen. Von 1980 bis heute hat dagegen das Trendfolgesystem etwas schlechter abgeschnitten als der DAX selbst. In den letzten zehn Jahren ergab sich für das Trendfolgesystem der 200-Tage-Linie ein leichter Vorteil. Es konnte pro Jahr ein Prozent mehr Gewinn erzielen.

Von allen von mir untersuchten Trendfolgesystemen schnitt die 20-Tage-Linie am besten ab

Sie scheint etwa den Zeittakt zu erwischen, in dem sich relevante Richtungsänderungen abspielen. Von 1960 bis heute angewandt hätte sich das Kapital um den Faktor 142 vermehrt, statt der Verneunzehnfachung des DAX. Erkauft werden musste dieses Ergebnis durch eine hohe Anzahl an Transaktionen. Aber auch hier fiel der Großteil der Gewinne zwischen 1960 und 1980 an. Von 1980 bis heute allerdings ergab sich immer noch ein besseres Ergebnis als beim DAX selbst. In den letzten zehn Jahren ließ sich jedoch kein Vorteil mehr gegenüber der Daueranlage feststellen.

Zur Ertragssteigerung scheinen Methoden, die sich an den gleitenden Durchschnitten orientieren, auf Dauer nicht wirklich geeignet zu sein.

Nach der großen Finanzkrise der Jahre 2008 und 2009 bestand bei institutionellen Anlegern Interesse an Anlageinstrumenten, die nicht mit dem Aktienmarkt korrelieren. Die Institute hatten die Erfahrung gemacht, dass, egal welche Aktien sie in ihren Depots hatten, in der Krise die Korrelation gegen eins tendierte und alle Werte stürzten. Selbst die Aktien von Unternehmen, die von der Krise gar nicht direkt betroffen waren, wurden verkauft. Einmal, weil Index-Terminkontrakte verkauft wurden und damit alle im jeweiligen Index vertretenen Aktien abgegeben wurden. Außerdem wurde, um Bargeld aufzutreiben, verkauft, was zu verkaufen war. Große solide Aktien waren besonders leicht zu Geld zu machen. Aus vielen anderen Anlageprodukten, die in den Depots schlummerten, kam man an den kritischen Tagen der Finanzkrise gar nicht heraus.

Nach der Erfahrung, dass in der Panik so gut wie alle Aktien und aktienbasierten Anlageprodukte wie die Lemminge von der Klippe fielen, war der Wunsch groß, in ein Anlageinstrument zu investieren, das einen Ertrag liefert, aber bei der nächsten Krise nicht gleich untergeht. Populär wurden seitdem Hedgefonds, die nach computerbasierten Trendfolgemethoden anlegen. Auch hinter diesen computergesteuerten Trendfolgemethoden steckt die Idee, wenn es nach oben geht zu kaufen und wenn es nach unten geht zu verkaufen. Das verwaltete Vermögen der Trendfolge-Hedgefonds stieg seit der Finanzkrise auf über 350 Milliarden Dollar an. Doch die von der Marktrichtung unabhängigen Erträge, auf die so stark gehofft wurde, blieben aus.

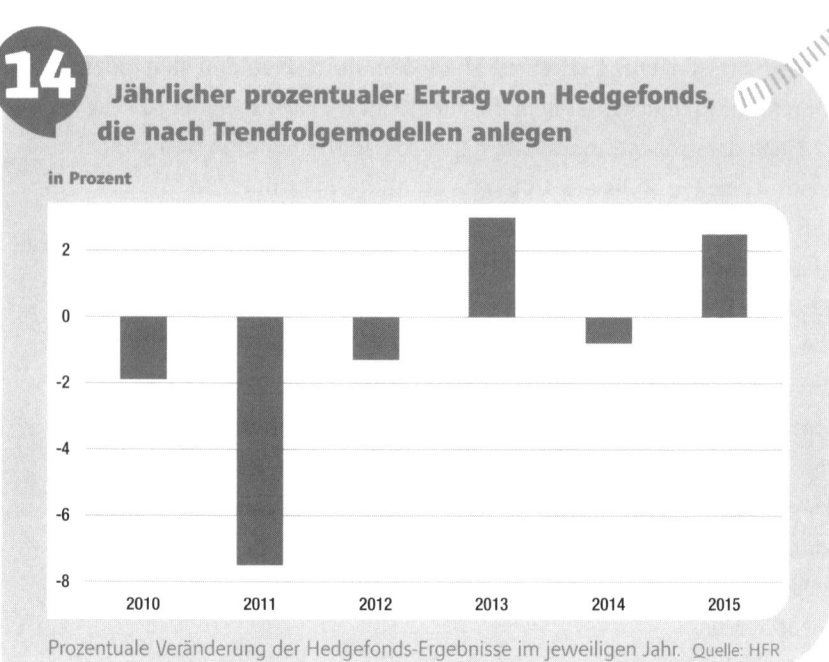

in Prozent

Prozentuale Veränderung der Hedgefonds-Ergebnisse im jeweiligen Jahr. Quelle: HFR

Das Researchinstitut HFR, das Daten über die Anlageerfolge von Hedge-fonds sammelt, veröffentlichte in der *Financial Times* eine Grafik, in der die Anlageergebnisse der Hedgefonds, die nach Trendfolgemodellen anlegen, aufgetragen sind. Man sieht, dass mit dieser Methode in den letzten sechs Jahren Geld verloren wurde. Hinzu kommt, dass diese Fonds für ihre schlechten Ergebnisse auch noch hohe Gebühren einge-strichen haben. Der Kauf des DAX hätte im gleichen Zeitraum das eingesetzte Kapital verdoppelt.

Wie wäre es, wenn ich einfach bis zur nächsten Krise warte und dann kaufe?

Dann kann ich doch billig kaufen und habe den Absturz ja schon ver-mieden. Nehmen wir einmal an, ich wäre Anfang des Jahres 1962, im zarten Alter von sechs Jahren, auf die Idee gekommen, immer dann Aktien zu kaufen, wenn sich die Kurse von ihrem letzten Hochpunkt innerhalb der letzten zwei Jahre halbiert haben. Damit hätte ich dann ja einen günstigen Einstiegskurs. Verkauft hätte ich dann jeweils fünf Jahre später, nach der Dauer einer typischen Hausse. Mit dieser Strategie hätte ich 39 Jahre auf den ersten Kauf warten müssen. Im September des Jahres 2001 hatten die Notierungen erstmalig 50 Prozent gegenüber dem letzten Höchstkurs verloren.

Das war dann schon mal ein ganz günstiger Einstieg, aber dennoch halbierten sich die Kurse beinahe noch einmal. Nach fünf Jahren wäre ich trotzdem im Gewinn gewesen, mit 54 Prozent. Der nächste Kauf wäre im Februar 2009 auf dem Höhepunkt der Finanzkrise bei einem DAX-Kurs von 4.015 Punkten fällig gewesen, auch dies ein günstiger Einstieg. 137 Prozent stiegen die Kurse in den darauffolgenden fünf Jahren. Insgesamt hätte sich mein Einsatz durch diese beiden Transaktionen auf das 3,7-Fache vermehrt. Hätte ich mir im Jahr 1962 gleich Aktien gekauft und hätte sie bis heute liegen lassen, wäre mein damaliges Taschengeld auf das 27-Fache angewachsen. Wenn ich jetzt nur die Zeit seit dem ersten Kaufsignal im Jahr 2001 vergleiche, nach dem sich der DAX bis heute verdreifacht hat, ist das Ergebnis von 3,7 bei den Crashkäufen leicht besser. Allerdings nur wenn ich im Jahr 2001 mit dieser Strategie gestartet wäre. Doch dann hätte ich die ganzen Anstiege vorher alle verpasst.

Wie wäre es, wenn ich mir 1962 überlegt hätte, bei einem Einbruch von 40 Prozent zu kaufen?

Viermal hätte sich so in den 54 Jahren eine Kaufgelegenheit ergeben, im Mai 1962, nach dem Oktober-Crash im Jahr 1987, wieder im Jahr 2001 und während der Finanzkrise, diesmal aber schon im Oktober 2008. Jeweils fünf Jahre später wieder verkauft, hätte sich mein Sparschwein vervierfacht. Auch dies ist wesentlich weniger als die Versiebenundzwanzigfachung der Daueranlage.

Ein Kauf nach einem 30-prozentigen Rückgang hätte das Anlageergebnis nicht verbessert, im Gegenteil, verschlechtert. In 54 Jahren wäre so ein Kursgewinn von lediglich 130 Prozent zusammengekommen. Die Käufe hätten in den Jahren 1962, 1970, 1987, 1998 nach der Asienkrise, im Jahr 2003 und im Jahr 2008 stattgefunden. Seltsam, aber aus der Strategie der Käufe in den Krisen ließ sich offensichtlich kein Honig saugen. Vielleicht hätte ich nach dem Kauf nicht so lange investiert bleiben sollen? Wie wäre es, wenn ich drei Jahre nach dem Kauf in der Krise schon wieder verkauft hätte? Dies hätte das Anlageergebnis deutlich verbessert, auf den Faktor 6,3 gegen den Faktor 2,3. Aber das wäre trotzdem bei Weitem nicht an den Wert von 27 bei der Daueranlage herangekommen. Der große Kursgewinn der letzten Jahrzehnte ließ sich wohl nur durch das Durchstehen der Krisen erzielen. Die Gewinne mussten im wahrsten Sinne des Wortes ersessen werden.

Nachdem nun die Strategie mit der Trendlinie und die der Käufe im Crash zur Ergebnissteigerung ausfallen, bleibt nur übrig, auf die Aktienanlage in Zukunft ganz zu verzichten. Dann lässt sich aber das Kapital über die nächsten Jahre oder Jahrzehnte nicht mehr vermehren, denn über die 0,3 Prozent, die Bundesanleihen abwerfen, kommt man nicht hinaus. Und diese 0,3 Prozent lassen sich auch nicht durch Inkaufnahme eines größeren Risikos erhöhen, denn dadurch steigt in gleichem Maße die Ausfallwahrscheinlichkeit, wie ich oben bereits geschildert habe.

Die andere Möglichkeit, wenn man an die langfristige Perspektive der Aktien glaubt, wäre, investiert zu sein und die einzelnen Krisen und Panikanfälle möglichst entspannt und in der festen Hoffnung über sich ergehen zu lassen, dass eines Tages die Kurse die alten Höchststände wieder erreichen. Die einzigen beiden Punkte, die ich kenne, die in der Vergangenheit das Anlageergebnis deutlich gesteigert hätten, sind einerseits die Beachtung von Zins und Inflation, mit Dollar und Jahreszeit zusammengefasst im Börsenindikator, und andererseits der Versuch, zyklische Strukturen wie zum Beispiel den 16-Wochen-Rhythmus zu erkennen und damit kurzfristige Rückschläge zu vermeiden.

Kann man durch geschickte Aktienauswahl die Sicherheit des Depots erhöhen?

Auch dieser Ansatz klingt gut: dass man sich die guten Aktien heraussucht, die dann steigen, und die anderen sein lässt, die schlechten, die dann fallen. So ist man vor jeder Unbill der Märkte geschützt. Doch die Realität sieht leider etwas anders aus. Die Erfahrung zeigt, dass in turbulenten Marktsituationen und Krisen so gut wie alle Aktien fallen. Es gibt keinen Rettungsanker im Markt. Man könnte ja denken, man kauft zum Beispiel eine Pharma-Aktie. Der Absatz von Medikamenten sollte ja nicht von der Konjunktur, sondern nur vom Krankheitszustand der Menschen abhängen. Ihr Geschäft dürfte also auch in Krisenzeiten nicht nachgeben. Doch wenn man sich zum Beispiel den Verlauf der Aktie des Pharmakonzerns Roche ansieht und ihn mit dem Verlauf des DAX vergleicht, erkennt man keinen großen Unterschied.

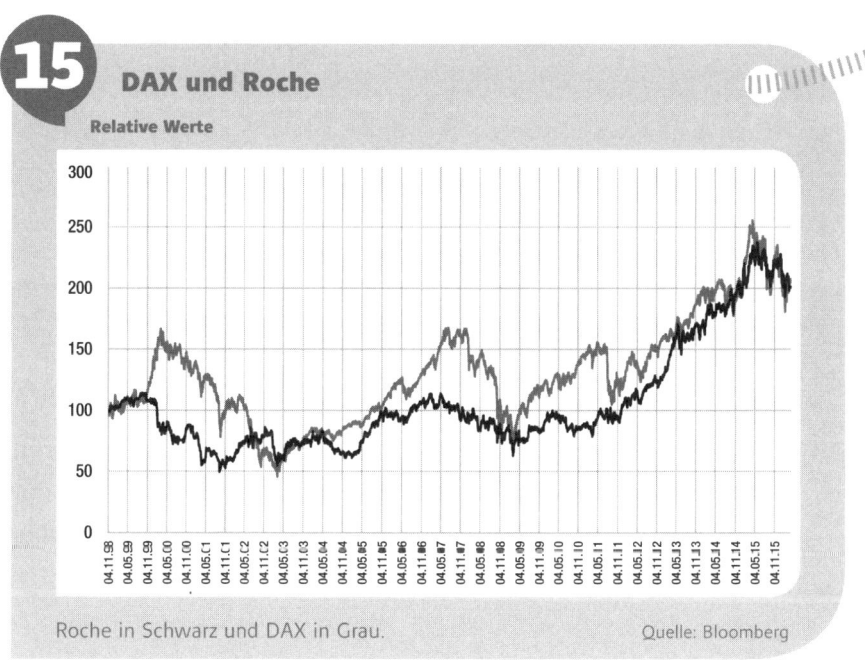

15 **DAX und Roche**

Relative Werte

Roche in Schwarz und DAX in Grau.　　　　　　Quelle: Bloomberg

Die Differenzen sind minimal. Dabei könnte man doch fragen, was hat ein Schweizer Pharmakonzern mit deutschen Industrie-Aktien gemein? Warum entwickeln sich die Anteilscheine etwa gleich? Der Kursverlauf einer Aktie wird offensichtlich weniger von dem Geschäftsverlauf des Unternehmens als von externen Faktoren wie dem Geldfluss und der Stimmung der Anleger bestimmt. Wie sonst könnte man sich erklären, dass der Index der aufstrebenden Staaten, der Emerging Markets, sich fast genau wie der DAX verhält?

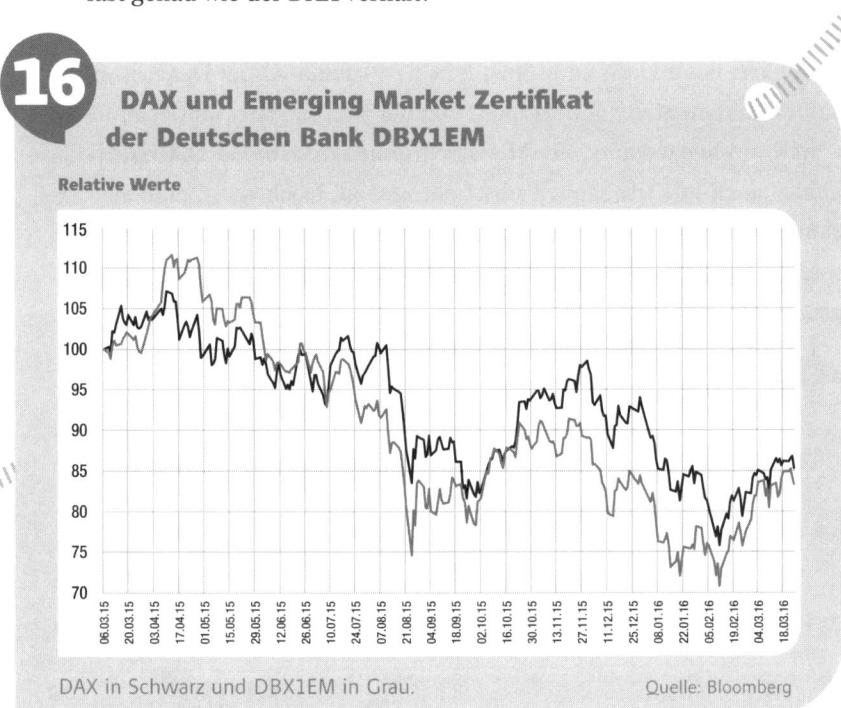

16 DAX und Emerging Market Zertifikat der Deutschen Bank DBX1EM

DAX in Schwarz und DBX1EM in Grau. Quelle: Bloomberg

Die beiden Märkte sollten doch eigentlich nicht so viel miteinander zu tun haben. Trotzdem habe ich die Erfahrung gemacht, dass man mit einer Methode der Aktienauswahl das Anlageergebnis steigern kann. Sie klingt zunächst allerdings widersinnig.

Eine Relative-Stärke-Liste hilft

Man fertigt von den Aktien, die in einem bestimmten Index vertreten sind, oder von einer Anzahl selbst ausgesuchter aussichtsreicher Aktien eine Relative-Stärke-Liste an. Die Aktie, die zum Beispiel in den letzten sechs Monaten am stärksten gestiegen ist, bekommt den Platz 1, die zweitstärkste den Platz 2 und so weiter. Dann kauft man von dieser Bestenliste die zehn ersten Werte. Fällt eine dieser Aktien in der Tabelle zum Beispiel unter den Platz 30 oder 40, wird sie verkauft und durch die stärkste der noch nicht im Depot vertretenen Aktien ersetzt.

Dieses Verfahren gestaltet sich in der Durchführung psychologisch schwierig. Innerlich widerstrebt einem der Kauf einer Aktie, die schon sehr deutlich gestiegen ist. Man möchte doch gern billig kaufen. Aber es hat sich herausgestellt, dass gerade die Aktien, die schon stark gestiegen sind, in der Regel weiter steigen. Die dazugehörigen Unternehmen machen irgendetwas richtig. Sie haben vielleicht Produkte entwickelt, die am Markt besonders erfolgreich sind, profitieren von einer günstigen Branchenkonjunktur oder werden von einem fähigen Management geleitet. In den meisten Fällen wirken diese Faktoren über einen längeren Zeitraum.

Indes tendiert eine Aktie, die schon ein halbes Jahr lang gefallen ist, in der Mehrzahl der Fälle weiter schwach. Es gibt zwar wundersame Geschichten vom sogenannten „Turnaround", der wie Phönix der Asche entsteigt und sich in neue Höhen schwingt, aber dies ist eher die Ausnahme. Wenn bei einer Firma etwas nicht gut läuft, sind diese Probleme nicht leicht zu beheben, sonst wären sie längst abgestellt worden. Deshalb schneiden Aktien, die in der letzten Zeit gefallen sind, auch nach dem Beobachtungszeitpunkt eher schlechter ab. Dabei würde man bevorzugt diese kaufen wollen. Eine Aktie, die 20 Prozent billiger ist als noch vor einigen Monaten, wird als Schnäppchen betrachtet. Wer freut sich nicht über einen günstigen Kauf?

Hinzu kommt noch, dass eine Aktie, die gefallen ist und billig aussieht, damit eigentlich teuer ist. Denn diese Aktie haben viele gekauft, die sie zunächst gar nicht kaufen wollten und sie nur gekauft haben, weil sie dachten, die gebe es im Sonderangebot, die sei heute besonders billig. Eine Aktie, die in letzter Zeit deutlich gestiegen ist, wird dagegen in der Regel gemieden, weil sich der Anleger fragt, warum habe ich sie nicht schon vor drei Monaten gekauft, als sie 20 Prozent günstiger war? Der teurere Kauf würde die Entscheidung, sie vor zwei Monaten nicht gekauft zu haben, im Nachhinein als großen Fehler dastehen lassen. Das würde man nicht gerne zugeben. Hingegen bestätigt der Kauf einer Aktie, die 20 Prozent gefallen ist, die eigene Entscheidung, sie nicht schon vor ein paar Monaten gekauft zu haben. Man war schlau und hat gewartet und sie jetzt so günstig gekauft. Das sagt man sich gerne und wird so in die Falle der billigen Aktie gelockt.

Deshalb ist es besser, den relativ starken Aktien zu vertrauen. Im ersten Jahr meines Börsenbriefs, des *Gebert-Briefs*, konnten wir so mit dieser Methode fast 30 Prozentpunkte besser abschneiden als der DAX.

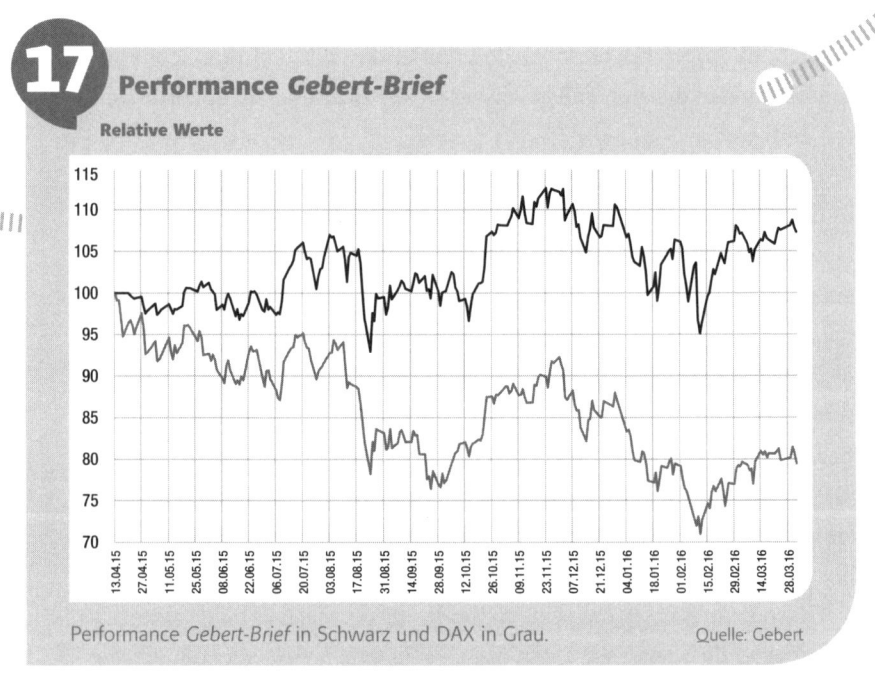

17 Performance *Gebert-Brief*

Relative Werte

Performance *Gebert-Brief* in Schwarz und DAX in Grau.   Quelle: Gebert

10 WAS IST MIT GOLD?

Wie steht es mit Gold? Nun, Gold bleibt immer Gold, aber für Gold kann man sich nichts kaufen. Man muss zunächst jemand finden, der einem das Gold gegen Geld tauscht, damit man dann mit dem Geld etwas kaufen kann. Hinzu kommt, dass Gold nicht etwa knapp ist, sondern es unglaublich viel Gold auf der Welt gibt. Gold wird nicht verbraucht. Alles jemals geförderte Gold der Menschheitsgeschichte existiert immer noch. Mittlerweile gibt es so viel Gold auf der Welt, dass bei einer gleichmäßigen Verteilung an die über sieben Milliarden Weltbürger jeder fast eine Unze bekäme. Für 1.000 Dollar pro Person gibt es Gold auf der Welt. Und jedes Jahr kommt noch für 100 Milliarden Dollar Gold dazu. Besonders beliebt ist das Gold bei den Deutschen. Die im kollektiven Bewusstsein verankerte Erfahrung der Hyperinflation 1923 mag der Grund dafür sein. Vor drei Jahren, als der Goldpreis noch höher notierte und die Aktien tiefer, besaßen die Deutschen mehr Gold als Aktien.

Des Kaisers neue Kleider

Auch beim Gold gilt, dass es nur dadurch einen Wert besitzt, dass jemand anders denkt, es habe einen Wert. Gold verfügt über keinen ihm eigenen inhärenten Wert. Es ist so gut wie zu nichts zu gebrauchen, außer es sich als Schmuck um den Hals zu hängen oder an den Finger zu stecken. Es besteht durchaus die, wenn auch sehr geringe, Möglichkeit, dass Gold eines Tages seinen „Des Kaisers neue Kleider"-Moment erlebt, man ratlos davorsteht, sich fragt, was man damit eigentlich soll, und niemand mehr Gold haben möchte.

Auslöser konnte zum Beispiel der Umweltaspekt des Goldes sein. Die Förderung des Goldes ist in vielen Gegenden der Welt ein Umweltfrevel erster Ordnung. Ganze Landstriche in Südamerika sind durch das Quecksilber, das bei der Produktion in die Umwelt gelangt, unbewohnbar geworden. Wenn ich denke, wie hier schon wesentlich kleinere Umweltbelastungen zu Aufständen führen, wundert es mich, dass noch keine Umweltaktivisten Gold boykottieren. Es könnte eines Tages auf einer Stufe mit Froschschenkeln und Robbenfellen stehen. Wie gesagt, die Möglichkeit ist sehr klein, aber sie besteht. Zeiten ändern sich.

Auch wenn etwas 2000 Jahre oder länger galt, muss es nicht morgen immer noch gelten. Dafür, dass sich an der grundlegenden Wertschätzung für Gold auf Dauer nichts ändert, spricht allerdings die kulturelle Bedeutung des Goldes. In vielen Gegenden der Welt findet keine Hochzeit statt, ohne dass Gold den Besitzer wechselt. Auch bei uns wird diese alte Tradition durch den Tausch der goldenen Ringe aufrechterhalten. Gold hat zumindest den Vorteil, dass es nicht auf einmal weg sein kann. Auch wenn Gold aller Wahrscheinlichkeit nach seine Funktion als Werterhaltungsmedium behält, muss man trotzdem die Möglichkeit eines empfindlichen Wertverlustes einkalkulieren. In der Vergangenheit gab es Zeiten, in denen Gold massiv an Wert eingebüßt hat.

Gold ist nicht immer ideal

Die ideale Wertaufbewahrungsform ist Gold also nicht. Es ist wichtig, dass man in einer für Gold günstigen Zeit investiert ist. Vom Jahr 2000 bis zum Jahr 2011 hat es sich gelohnt. Allerdings kann man auch beim Gold schwere Verluste erleiden. In den letzten vier Jahren hat sich der Goldpreis in Dollar gerechnet beinahe halbiert. Sicherheit sieht anders aus. Auch vom Jahr 1980 bis zum Jahr 2000 ist der Goldpreis in Dollar gerechnet auf ein Drittel seines Wertes gefallen, kaufkraftbereinigt hat er sich sogar gesechstelt. 10.000 D-Mark, 1980 in Gold investiert, wären bis zum Jahr 2000 auf 3.300 D-Mark zusammengeschmolzen. In Aktien investiert wäre die Summe auf 100.000 D-Mark angewachsen.

Wenn man in Gold investieren will, ist es daher wichtig, dass man versucht, zu einer günstigen Zeit einzusteigen. Doch wann ist es günstig, Gold zu kaufen? Für den Goldpreis selbst gibt es keine Messlatte, mit der man den fairen Preis festlegen kann. Gold könnte bei 400 Dollar oder 4.000 Dollar pro Unze fair bewertet sein. Gold besitzt keinen Ertragswert, den man mit anderen Erträgen zum Beispiel aus Anleihen, Aktien oder Immobilien vergleichen und anhand dessen man eine Bewertung festmachen könnte. Gold besitzt ausschließlich einen Liebhaberwert. Auch an den Produktionskosten kann man sich nicht orientieren, da sich Gold nicht verbraucht. Alles jemals geförderte Gold gibt es immer noch auf der Welt. Es kommt ja nur jedes Jahr etwas hinzu. Will man das Gold, das vor 100 Jahren gefördert wurde, mit den Produktionskosten von vor 100 Jahren bewerten?

Kann der Goldpreis unter die Produktionskosten fallen?

Es hieß immer, der Goldpreis könne nicht unter die aktuellen Produktionskosten fallen, die angeblich im Jahr 2015 bei 1.200 Dollar pro Unze gelegen haben sollen. Doch wenn der Preis 1.200 Dollar erreicht, hören die Goldminen ja nicht auf zu produzieren. Für sie ist es immer noch günstiger, mit Verlust weiter zu fördern, als den Betrieb einzustellen. Selbst wenn sie die Produktion stoppen, laufen ja die Kosten für Löhne und Zinsen und Mieten für Geräte weiter. Dieser Weg führt schneller in die Pleite, als eine Weile mit Verlust zu arbeiten. Bei gleichen Kosten kommen wenigstens ein paar Erlöse durch das zum niedrigen Preis verkaufte Gold hinzu. Ähnlich ergeht es den Ölfirmen nun zu Anfang des Jahres 2016. Bei 26 Dollar pro verkauftem Fass Öl wären nur die wenigsten Vorkommen profitabel auszubeuten. Trotzdem machen die Ölfirmen weiter und schreiben rote Zahlen. Den Betrieb einzustellen ist keine Option. Dann wären alle bisherigen Investitionen verloren und die Firma pleite. Natürlich werden bei den gedrückten Preisen keine oder kaum neue Investitionen beschlossen, weil sich daraus kein zukünftiger Ertrag einstellen wird.

Da der absolute Maßstab für Gold fehlt, geht es immer nur um die relative Veränderung

Es ist ja in der Regel so, dass entweder Aktien, Dollar und Anleihen steigen und Öl und Gold fallen, wie in den letzten vier Jahren, oder umgekehrt. Ich möchte Ihnen diese Korrelation einmal anhand einer Grafik zeigen.

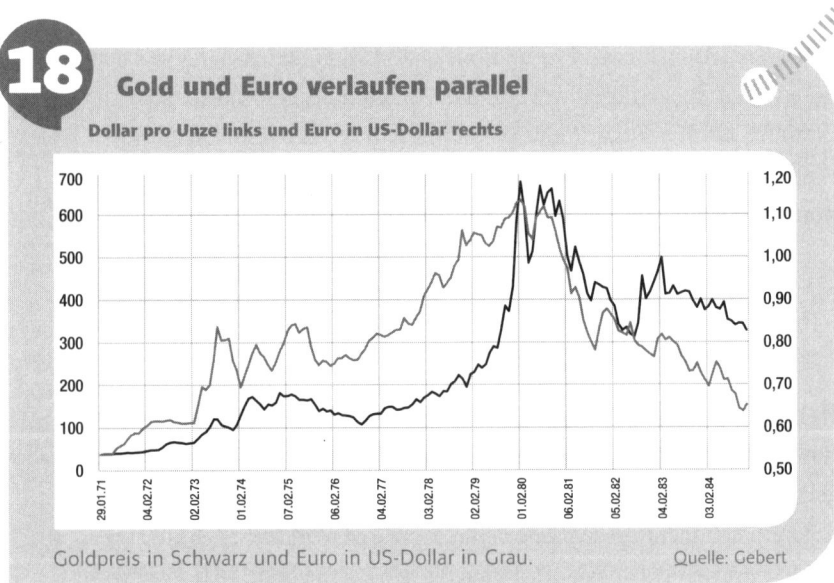

18 Gold und Euro verlaufen parallel

Dollar pro Unze links und Euro in US-Dollar rechts

Goldpreis in Schwarz und Euro in US-Dollar in Grau.   Quelle: Gebert

WAS ZU TUN IST, WENN ES SO WEIT IST

Abgebildet sind in der Grafik der Goldpreis in Dollar gerechnet (schwarz gezeichnet) und der Eurokurs in Dollar gerechnet (grau) von 1972 bis 1986. Ich habe den damaligen D-Mark-Kurs der besseren Vergleichbarkeit mit heute halber in Euro umgerechnet. Man sieht, dass nicht nur die groben Richtungen während der gesamten Zeit stimmten, sondern dass auch die großen Wendepunkte zur gleichen Zeit stattfanden. Sogar die seltsame Form der oberen Wende im Jahr 1980 mit dem scharfen Durchsacken, der steilen Erholung und dem erneuten Dreh nach unten wurden sowohl vom Dollarkurs als auch vom Goldpreis in gleicher Weise vollführt. Das bedeutet, es handelt sich bei den Verläufen dieser beiden Finanzmarktinstrumente eigentlich um ein und dieselbe Bewegung. Entweder der Dollar steigt und Euro und Gold fallen oder umgekehrt. Es findet also entweder eine Bewegung rein in den Dollar oder raus aus dem Dollar statt. Gold übernimmt die Funktion des Anti-Dollar.

Da das Handelsvolumen bei Transaktionen im Dollar über tausendmal so groß ist wie das im Gold, gehe ich davon aus, dass der Dollarkurs den Goldpreis bestimmt und nicht umgekehrt. Daraus kann man Folgendes schließen:

In einer Goldhausse ist währungsgesichertes Gold besser

Erstens sollte man, wenn man von einem in Zukunft steigenden Goldpreis überzeugt ist, besser auf ein währungsgesichertes Goldprodukt, etwa ein Zertifikat oder einen börsengehandelten Fonds, setzen. Denn wenn man Gold in Euro kauft, geht ein Teil des möglicherweise kommenden Goldpreisanstiegs in Dollar gerechnet durch den fallenden Dollar dem Anleger aus dem Euroraum verloren. Wenn man nicht weiß, ob der Goldpreis steigen oder fallen wird, hat man andererseits natürlich mit dem Goldkauf in Euro ein gewisses Polster, wenn der Goldpreis fällt, weil die Bewegung dann gedämpft ist.

Ziel sollte es natürlich sein, Gold zu kaufen, bevor oder wenn eine größere Bewegung des Goldpreises nach oben zu erwarten ist. In dem

Fall ist dann das währungsgesicherte Produkt vorzuziehen. Infrage kommen da zum Beispiel das Zertifikat von der Deutschen Bank mit der Wertpapierkennnummer DB0SEX oder A1RX99 von ETF Securities. A1RX99 hat den Vorteil, dass es in Zürich mit physischem Gold hinterlegt ist. Bei einer Bankenpleite bekommt man trotzdem sein Gold, was bei DB0SEX nicht der Fall ist, falls die Deutsche Bank pleitegeht, was wir nicht hoffen wollen. Der Nachteil von A1RX99 liegt darin, dass es mit einer höheren Geld-zu-Brief-Spanne von etwa einem Prozent gehandelt wird. Also führen ein Kauf und unmittelbar anschließender Verkauf zu einem Verlust von einem Prozent. Bei einer langfristigen Anlage fällt das wohl gegenüber der erhöhten Sicherheit nicht so ins Gewicht.

Nun stellt sich natürlich die Frage, wann steigt Gold und wann fällt es? Man möchte natürlich, wenn man sein Geld durch den Kauf von Gold in Sicherheit bringen will, nicht gerade in eine Goldbaisse hineingeraten. Das wäre ja kontraproduktiv. Nachher fällt die Krise aus und man verliert einfach nur am Gold. Von 1980 bis zum Jahr 2000 wäre es so gewesen und auch vom Jahr 2011 bis zum Jahr 2015.

Wann steigt Gold?

Wie kann man nun einen Anhaltspunkt erlangen, um eine qualifizierte Vermutung für die zukünftige Entwicklung des Goldpreises zu erhalten? Dazu greife ich auf den Chart zurück, in dem zu sehen war, dass sich Euro und Gold parallel entwickeln. Um daraus Schlüsse für die weitere Entwicklung des Goldpreises ziehen zu können, müsste ich allerdings wissen, wie sich der Euro in Zukunft entwickeln wird. Das ist ja genauso offen. Allerdings gibt es aus meiner Sicht einige Anhaltspunkte, die für die weitere Entwicklung des Eurokurses von Bedeutung sind und die damit Rückschlüsse auf die weitere Goldpreisentwicklung zulassen würden.

DER DOLLAR IST
DER SCHLÜSSEL

Da der Dollarkurs auch eine gewichtige Rolle für die Entwicklung vieler anderer Finanzmarktinstrumente spielt, werde ich ihn hier einmal unter die Lupe nehmen und zusammentragen, was es über ihn zu wissen gibt. Bei den herkömmlichen Wechselkursprognosen und den von Kommentatoren nachgereichten Erklärungen für die jüngsten Währungsbewegungen wird immer auf die Zinsen verwiesen. So soll der jüngste Kursanstieg des Dollar im Jahr 2015 auf die Anhebung der Fed Funds Rate, des festgelegten Kurzfristzinses der amerikanischen Notenbank, auf 0,25 bis 0,5 Prozent vom November des Jahres 2015 zurückzuführen sein. Die gleichzeitigen Versprechungen von Mario Draghi, weitere Lockerungsmaßnahmen der Zinspolitik durchführen zu wollen, sollen ebenfalls den Dollar nach oben gedrückt haben. Dabei ist die Argumentationskette so, dass hohe Zinsen in den USA den Dollar für Nicht-Amerikaner attraktiv machen und sie dazu veranlassen, Dollar zu kaufen. So steigt die US-Währung beziehungsweise fällt im Gegenzug der Euro. Klingt logisch, ist es aber nicht. Jedenfalls lässt sich in der Vergangenheit kein sinnvoller Zusammenhang zwischen der Zinshöhe in den USA und der weiteren Entwicklung der amerikanischen Währung herstellen.

Die Entwicklung des Dollar hängt nicht von den Zinsen ab

Ich habe einmal in der Grafik den Eurokurs in Dollar gerechnet und den Zins für 3-Monats-T-Bills gegenübergestellt. T-Bills sind Schuldscheine der amerikanischen Regierung, in diesem Fall mit einer Laufzeit von drei Monaten. Eine Korrelation lässt sich nicht erkennen. In der Zeit vor dem Jahr 2000, bevor der Euro eingeführt wurde, habe ich den historischen D-Mark/Dollar-Wechselkurs der besseren Vergleichbarkeit wegen in einen Dollar/Euro-Wechselkurs umgerechnet.

Vom Jahr 1981 bis zum Jahr 1985 fiel der Euro gegen den Dollar unaufhörlich. Der Dollar erreichte bei diesem Höhenflug im Jahr 1985 den Wert von 3,47 D-Mark. Der Dollar stieg also vier Jahre lang, während die US-Zinsen sanken. Der Tiefpunkt des Dollar vor Beginn der langen Aufwärtsbewegung fiel fast mit dem Höchstsatz der amerikanischen Zinsen von 15 Prozent zusammen. Wenn hohe Zinsen die Attraktivität des Dollar steigern, müsste doch eigentlich beim höchsten Zins der höchste Dollarkurs registriert werden. In diesem Fall war es genau umgekehrt. Im weiteren Verlauf des Charts ändert sich dieser Zusammenhang mehrfach. In den Jahren von 1987 bis 1989 sorgte ein von sechs auf acht Prozent steigender Zins tatsächlich für einen leichten Abfall des Euro beziehungsweise einen Anstieg des Dollar. Ebenfalls fiel der Kursgipfel des Dollar im Jahr 2000 mit dem Anstieg der Zinsen auf sechs Prozent zusammen. Im weiteren Verlauf der Bewegung drehte sich der Zusammenhang erneut. Vom Jahr 2004 bis zum Jahr 2008 stiegen die US-Zinsen von einem Prozent auf fünf Prozent an.

Vor der Finanzkrise 2008 stiegen die Zinsen dramatisch an

Dieser Anstieg war letztlich auch der Grund oder der Auslöser für die fallenden Immobilienpreise, weil viele Hausbesitzer dadurch die Zinsen für ihre Hypotheken nicht mehr bezahlen konnten, und damit auch für die Finanzkrise im Jahr 2008. Trotz der vier Jahre lang dramatisch ansteigenden Zinsen fiel der Euro nicht etwa gegen den Dollar, sondern stieg von 1,10 Dollar für einen Euro auf fast 1,60 Dollar für einen Euro an. Bei dieser historischen Datenlage ist mir schleierhaft, wie man den Zins als Grund für eine Bewegung des Dollar gegen den Euro heranziehen kann.

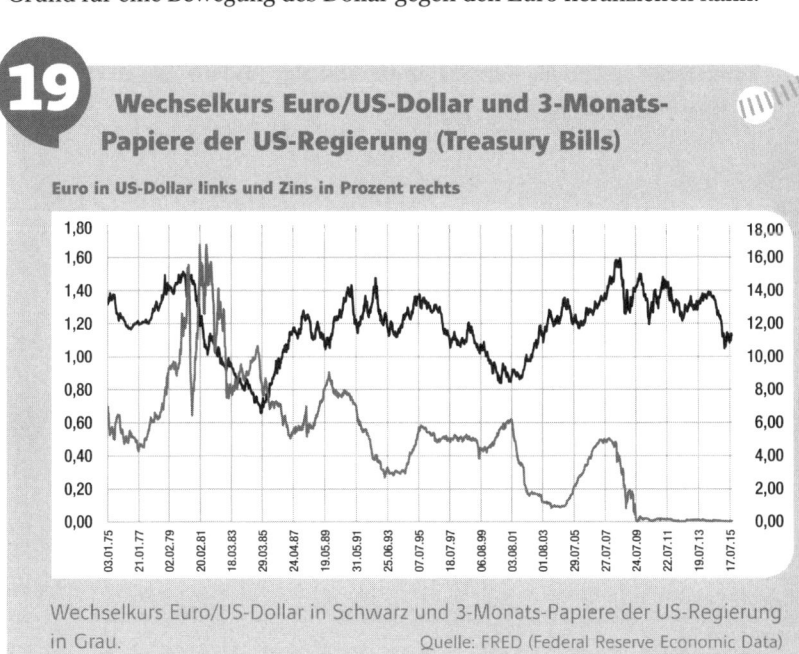

19 **Wechselkurs Euro/US-Dollar und 3-Monats-Papiere der US-Regierung (Treasury Bills)**

Euro in US-Dollar links und Zins in Prozent rechts

Wechselkurs Euro/US-Dollar in Schwarz und 3-Monats-Papiere der US-Regierung in Grau.   Quelle: FRED (Federal Reserve Economic Data)

Wenn man nun nicht den Dollarzins gegen den Euro/Dollar-Wechselkurs einzeichnet, sondern die Zinsdifferenz zwischen einer Anlage in Euro und einer in Dollar, trägt dies auch nicht zur weiteren Erhellung des Dollar/Euro-Verhältnisses bei.

Die Zinsdifferenz ist bei der Dollarkursprognose auch keine Hilfe

Ich habe hier nun den Euro gegen die Differenz zwischen den dreimonatigen US-Staatspapieren und dem deutschen Diskontsatz eingetragen.

Beide Größen repräsentieren die jeweiligen Kurzfristzinssätze in den entsprechenden Ländern, wobei die dreimonatigen Staatspapiere in der Regel leicht über dem dortigen Diskontsatz notieren. Bei der Einführung des Euro im Jahr 2000 löste der Hauptrefinanzierungssatz der Europäischen Zentralbank den alten Diskontsatz der Bundesbank ab. Sowohl der Hauptrefinanzierungssatz als auch der Diskontsatz gelten beziehungsweise galten als Eckzins, nach dem sich andere Zinsen für kurzfristige Verbindlichkeiten richten.

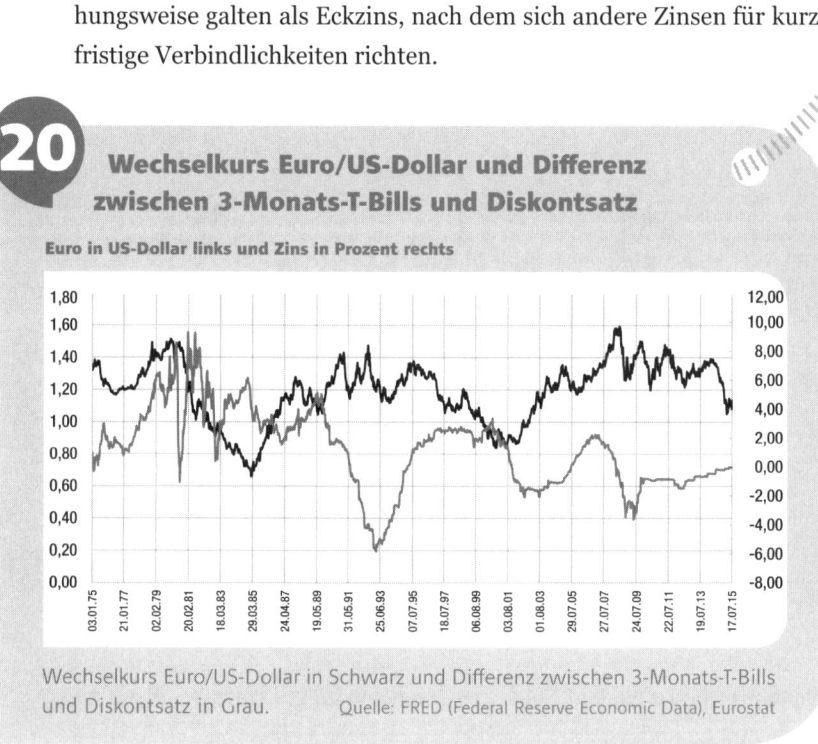

20

Wechselkurs Euro/US-Dollar und Differenz zwischen 3-Monats-T-Bills und Diskontsatz

Euro in US-Dollar links und Zins in Prozent rechts

Wechselkurs Euro/US-Dollar in Schwarz und Differenz zwischen 3-Monats-T-Bills und Diskontsatz in Grau.   Quelle: FRED (Federal Reserve Economic Data), Eurostat

Auch in dieser Grafik lässt sich genau genommen überhaupt kein Zusammenhang zwischen beiden Größen erkennen. Zum Beispiel vermochte selbst der dramatische Abfall der Zinsdifferenz von plus fünf auf minus fünf Prozentpunkte von 1988 bis 1993 nicht, den Euro auf Dauer nach oben zu bringen. Statt eines Zinsvorteils von fünf Prozentpunkten im Jahr 1988 erzielte man mit Dollaranlagen im Jahr 1993 einen Zinsnachteil von fünf Prozentpunkten. Trotz dieser fünf Prozentpunkte, die

Eurozinsen im Jahr 1993 mehr abwarfen, notierte der Euro nicht höher als im Jahr 1988. Auch der lange Abstieg des Dollar und damit der Anstieg des Euro vom Jahr 2001 bis zum Jahr 2004 lassen sich nicht mit einer fallenden Zinsdifferenz und damit einer nachlassenden Attraktivität von Dollaranlagen begründen. Die Zinsdifferenz blieb in dieser Zeit ziemlich exakt konstant. Auch danach, von 2004 bis 2007, stieg der Euro immer weiter, obwohl sich die Zinsschere ständig zugunsten des Dollar auf bis zu zwei Prozentpunkte öffnete.

Die Zinshöhe und auch die Zinsdifferenz zwischen Dollar- und Euro-Anlagen kann man als weitere Erklärungsversuche der Kursbewegungen der Dollar/Euro-Währungsrelationen in der Vergangenheit und auch in der Zukunft getrost vergessen. Ein Zusammenhang lässt sich beim besten Willen nicht erkennen. Wenn diese beiden Größen schon nicht die Bewegung der Vergangenheit rückwirkend erklären können, wie sollen sie dann die zukünftigen Währungsrelationen erkennen können?

Bringt eine andere Währung auf Dauer einen Zinsvorteil?

Wenn man die Zinsdifferenz zwischen den amerikanischen 3-Monats-Papieren und dem deutschen Diskontsatz beziehungsweise dem europäischen Hauptrefinanzierungssatz über die Jahrzehnte mittelt, ergibt sich ein Zinsvorteil für die US-Anlagen von 1,25 Prozent. Wenn man berücksichtigt, dass 3-Monats-Staatspapiere immer ein wenig mehr abwerfen als den Diskontsatz, kann man davon ausgehen, dass vergleichbare Zinsen im Durchschnitt in den USA ein Prozent höher waren. Man hat also bei einer kurzfristigen Dollaranlage pro Jahr in der Vergangenheit ein Prozent mehr verdient als in Deutschland. Allerdings muss man dabei die Währungsrelation berücksichtigen und kann die Veränderung der Währung nicht an einem beliebigen Punkt starten, denn das Ergebnis sieht anders aus, wenn man bei einem Euro von 1,40 Dollar im Jahr 1979 startet oder bei einem von 0,65 Dollar im Jahr 1985.

Um dies möglichst sinnvoll zu vergleichen, kann man in einem Langfristchart mit ein bisschen Augenmaß eine Ausgleichsgerade ziehen. Die Steigung dieser Geraden ergibt sich in etwa zu einem Prozent pro Jahr. Im Mittel der Jahrzehnte hat also der Euro beziehungsweise vorher die D-Mark ein Prozent gegen den Dollar gewonnen. Das heißt, hätte ich in den letzten Jahrzehnten als deutscher Anleger mein Geld im US-Dollar kurzfristig verzinst angelegt, hätte ich heute den gleichen Betrag, wie wenn ich es in D-Mark oder Euro kurzfristig geparkt hätte. Ich hätte einen Prozentpunkt mehr Zinsen bekommen, dafür ein Prozent pro Jahr am Dollar verloren. Ungleiche Steuerbehandlungen sind hierbei nicht berücksichtigt. Alles andere würde auch keinen Sinn ergeben.

Wenn sich eine Anlage mit gleicher Sicherheit und gleicher Wertigkeit auf Dauer deutlich besser verzinsen würde als eine andere, würde die andere an Attraktivität verlieren und vom Markt verschwinden. So ist es in der Regel auch bei anderen Währungen. Ich habe im Laufe der Jahrzehnte die Erfahrung gemacht, dass Währungen, die höhere Zinsen boten, auf Dauer gegen die D-Mark verloren. Die einzigen beiden Währungen, die gegen den Euro dauerhaft gewannen, waren der Schweizer Franken und der Japanische Yen. In beiden Währungen wurden während der ganzen Zeit deutlich niedrigere Zinsen als in Deutschland gezahlt. Ein Zinsvorteil lässt sich also auf Dauer aus einer anderen Währung nicht herausschlagen. Kurzfristige Schwankungen können sich natürlich ergeben. Man kann das Glück haben, dass man gerade in eine Währung investiert hat, die deutlich zulegt, sobald man sie gekauft hat. Im Mittel der Zeit ist dieses Experiment aber ein Nullsummenspiel.

Die Kaufkraft liefert langfristige Anhaltspunkte

Einen weiteren Aspekt, den man immer zur Bewertung des Dollarkurses hinzuziehen kann, liefert die Kaufkraft. Als Anleger möchte ich ja gerne, wenn ich in eine andere Währung tausche, etwas in der Hand haben, das in dem anderen Land in etwa die gleiche Menge an Dingen kaufen kann, die ich zu Hause auch erwerben könnte. Außerdem existiert ein Mechanismus, der auf Dauer die Währungsrelation der Kaufkraft angleicht. Voraussetzung dafür sind allerdings freie Märkte und ein freier Warenaustausch.

Nehmen wir an, der Euro wäre gegen den US-Dollar deutlich unterbewertet. Dann könnten deutsche Lieferanten in den USA preiswerter anbieten als amerikanische Produzenten. Es würden dann mehr Waren aus Deutschland in die USA verschifft und dort verkauft. Die erlösten Dollar der verkauften Güter tauschen die deutschen Produzenten in Euro zurück. Dadurch entsteht am Markt ein zusätzliches Angebot an Dollar gegen Euro. Geschieht dies in größerer Zahl, wird es den Dollar drücken und den Eurokurs steigern. So lange, bis wieder ein Gleichgewicht erreicht ist. Wenn andersherum der Dollar unterbewertet ist, sollten die Amerikaner besser exportieren können, weniger deutsche Autos, Maschinen und Konsumgüter kaufen und damit die Menge an Dollar, die die deutschen Exporteure zurücktauschen, verringern. Damit sollte der Dollar steigen. So weit die Theorie, schauen wir uns dazu einmal eine Grafik an.

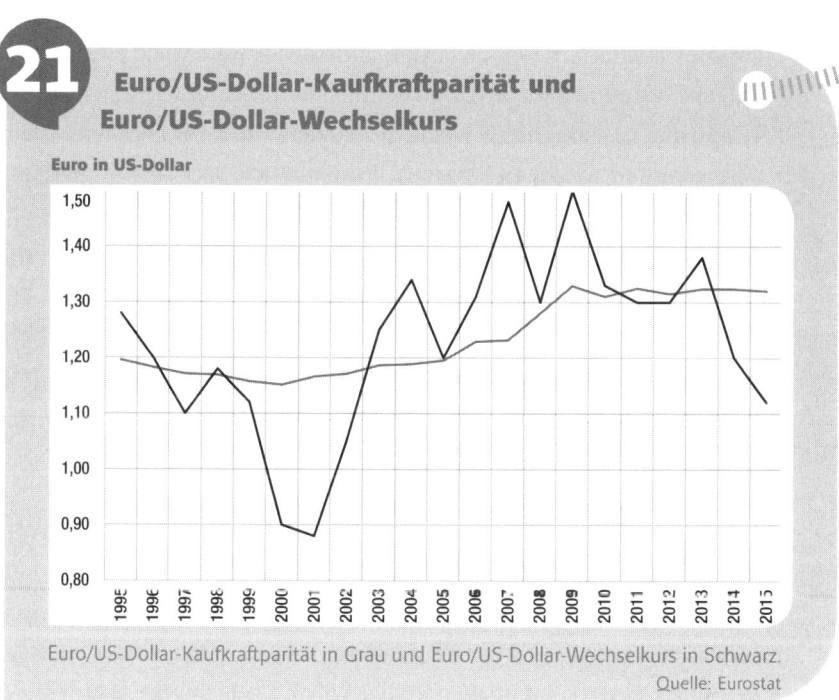

21 **Euro/US-Dollar-Kaufkraftparität und Euro/US-Dollar-Wechselkurs**

Euro in US-Dollar

Euro/US-Dollar-Kaufkraftparität in Grau und Euro/US-Dollar-Wechselkurs in Schwarz.
Quelle: Eurostat

Man erkennt darauf, dass der tatsächliche Wechselkurs, in Schwarz gezeichnet, um die Kaufkraft pendelt. Im Jahr 2000 lag der Eurokurs mit einem Wert von in der Spitze 0,85 Dollar für einen Euro deutlich unter der Kaufkraft von 1,15. Der Dollar war damit um 35 Prozent überbewertet. Vergleichbare Waren kosteten in den USA bei diesem Wechselkurs 35 Prozent mehr. Der Ausgleich fand durch den oben beschriebenen Mechanismus statt und der Euro erholte sich. Der Dollar gab nach. Im Jahr 2008 lagen die Verhältnisse genau umgekehrt. Damals war der Euro mit einem Wert von 1,5 etwa um 17 Prozent überbewertet. Auch dieses Ungleichgewicht hatte keinen Bestand. Der Dollar stieg danach acht Jahre lang. Mittlerweile ist er bei einem aktuellen Kurs von 1,12 für einen Euro 20 Prozent gegenüber seiner Parität von 1,34 überbewertet.

Dieser Kaufkraftvergleich wird von Eurostat mithilfe des Statistischen Bundesamtes berechnet. Die geben sich sehr viel Mühe und vergleichen die Preise von unzähligen Artikeln. Viele Dinge wie beispielsweise Benzin oder heimisches Fleisch kosten in den USA wesentlich weniger als bei uns, während andere Waren deutlich teurer sind. Für französische Weine und italienisches Olivenöl muss man dort mehr bezahlen. Über alles gemittelt wird man bei einem Eurokurs von 1,34 Dollar für einen Euro mit demselben Geld in etwa in den USA so leben können wie hier. Allerdings sind die regionalen Unterschiede sehr groß. In New York City ist vieles, so auch Wohnungen und Apartments, wesentlich teurer als auf dem Lande. Nicht berücksichtigt sind dabei Unterschiede der verschiedenen Sozialsysteme. Arztrechnung, Studien- und Schulgebühren fallen bei einem Leben in den USA stark ins Gewicht.

Nach Kaufkraft sind der Schweizer Franken und der Japanische Yen deutlich überbewertet

Beim Währungsvergleich zwischen dem Euro und dem Schweizer Franken oder dem Japanischen Yen hilft der Kaufkraftvergleich nicht weiter. Beide Länder haben keine offenen Grenzen für Waren, die eine Angleichung des Preisniveaus gewährleisten würden. Deutsche Autos kosten in Japan wesentlich mehr als hierzulande. Zahlreiche Hürden erschweren den deutschen Exporteuren den Verkauf nach Japan. Besonders ausgeprägt sind die japanischen Handelshemmnisse auf dem Agrarsektor. Japaner können auf der geringen Fläche des Landes, die nicht bergig ist, nicht zum gleichen Preis Getreide anbauen wie die Amerikaner auf ihren gigantischen Farmen des mittleren Westens. Auch die Rinderzucht kann nicht so kosteneffektiv sein wie in den USA. Japanische Preise für Lebensmittel können nicht gegen die Weltmarktpreise konkurrieren. Um autark zu bleiben und nicht auf Lebensmittellieferungen anderer Länder angewiesen zu sein, haben sich die Japaner abgeschottet.

Ähnliches gilt für die Schweiz. Auch in der Schweiz liegen die Lebensmittelpreise deutlich über Weltmarktniveau. Auch ein Schweizer Bergbauer kann nicht zu den gleichen Preisen produzieren wie ein amerikanischer Farmer. Bei offenen Grenzen und freiem Warenverkehr könnten die Nahrungsmittel des Weltmarkts die ganze Schweizer Produktion ersetzen. Für die Schweizer Konsumenten ist es ein Nachteil, dass sie nicht in den Genuss billiger Lebensmittel kommen. Doch wichtiger ist den Schweizern die eigene Produktion, um im Notfall autark zu sein. Sie sind in den letzten Jahrhunderten gut damit gefahren, unabhängig zu sein und nicht auf andere angewiesen zu sein. Aus diesem Grund gleichen sich das japanische und das Schweizer Preisniveau nicht der Kaufkraftparität an. Bei der aktuellen Währungsrelation von 1,10 Schweizer Franken für einen Euro sind die Waren und Dienstleistungen in der Schweiz etwa 50 Prozent teurer als bei uns. Andersherum können Schweizer in Deutschland etwa 33 Prozent billiger einkaufen. In Japan ist bei dem jetzigen Kurs des Yen von 125 Yen für einen Euro alles im Mittel etwa zehn Prozent teurer als bei uns.

Wie sicher ist der Schweizer Franken?

Es spricht nichts gegen den Schweizer Franken. Was mich allerdings am Schweizer Franken etwas abstößt, ist die geringe Kaufkraft. Bei allen anderen Währungen, die ich seit 40 Jahren verfolge, passt sich der Wechselkurs auf Dauer an die Kaufkraft an, nur eben nicht beim Schweizer Franken. Ob das immer so bleiben wird, weiß ich nicht. Wenn ich mit den eingewechselten Schweizer Franken in der Schweiz nur ein Bruchteil von dem erwerben kann, was ich in Deutschland kaufen könnte, beruhigt mich das nicht. Außerdem müsste ich dann auch Schweizer Franken als Banknoten im Tresor haben. Eine Schweizer Bank kann, wie wir in der letzten Krise im Jahr 2009 gesehen haben, genauso betroffen sein wie eine deutsche Bank.

Der Dollarkurs folgt langfristig seiner Kaufkraftparität

Die Kaufkraftrelation zwischen den USA und Europa schwankt jedenfalls bei längerfristiger Betrachtung um den Gleichgewichtskurs der Kaufkraftparität herum. Zur kurzfristigen Wechselkursprognose ist die Betrachtung der Kaufkraftparität allerdings nicht geeignet. Der Dollar oder der Euro können für längere Zeit unter- oder überbewertet bleiben. Auf längere Sicht, die für eine Langfristinvestition entscheidend ist, kann man die Parität hinzuziehen. Man kann also mit einiger Sicherheit sagen, dass der Euro eines Tages auch mal wieder 1,34 Dollar kosten wird. Wenn man sich die Schwankungen um diese Parität anschaut, fällt etwas auf.

Die letzten beiden Dollargipfel sind 187 Monate voneinander entfernt

Die beiden ausgeprägten Gipfel des Dollarkurses im Jahr 1985 und im Jahr 2000 lagen 187 Monate auseinander. In diesem Spätsommer wird der letzte Gipfel vom Jahr 2000 wieder 187 Monate her sein. Auch der Verlauf vom Jahr 2000 bis heute ähnelt sehr stark dem vom Jahr 1985 bis zum Jahr 2000. Diese beiden Zeitpunkte der Dollarwenden vom Jahr 2000 und dem Jahr 1985 bedeuteten auch gleichzeitig einschneidende

Ereignisse für die anderen Finanzmärkte. Beim DAX fanden an beiden Zeitpunkten große Veränderungen statt. Nach dem Jahr 1985 ging es für die deutschen Aktien nach dem fulminanten Anstieg während der Zeit des steigenden Dollarkurses von 1984 und 1985 nicht weiter bergauf. Die Kurse fielen nicht gleich, sondern entwickelten sich eine Weile waagerecht, bevor dann im Jahr 1987 der Zusammenbruch auf die Hälfte des Ausgangsniveaus folgte. Auch nach dem Jahr 2000 folgten viele Jahre mit einer ungünstigen Börsenentwicklung. Irgendwann in diesem Jahr oder im nächsten könnte also eine Zeit anbrechen, nach der bei einer Dollarwende die Aktien sich längerfristig nicht mehr so gut entwickeln. Mit dieser Dollarwende beginnt möglicherweise eine längere Zeit, in der sich der Goldpreis günstig entwickeln könnte.

Gold oder Goldminen?

Als ich in den späten Siebzigerjahren begann, mich für die Börse zu interessieren, waren Goldminen-Aktien schwer in Mode. Es hieß damals, mit diesen Minenbetreibern habe man einen Hebel auf den Goldpreis. Und bei dem ohnehin schon steigenden Goldpreis Ende der Siebzigerjahre müsse man Goldminen-Aktien kaufen, um noch mehr zu gewinnen. Es stimmt, dass zu Beginn der Siebzigerjahre die großen Goldminen-Aktien wie zum Beispiel Homestake Mining deutlich angestiegen sind.

in US-Dollar

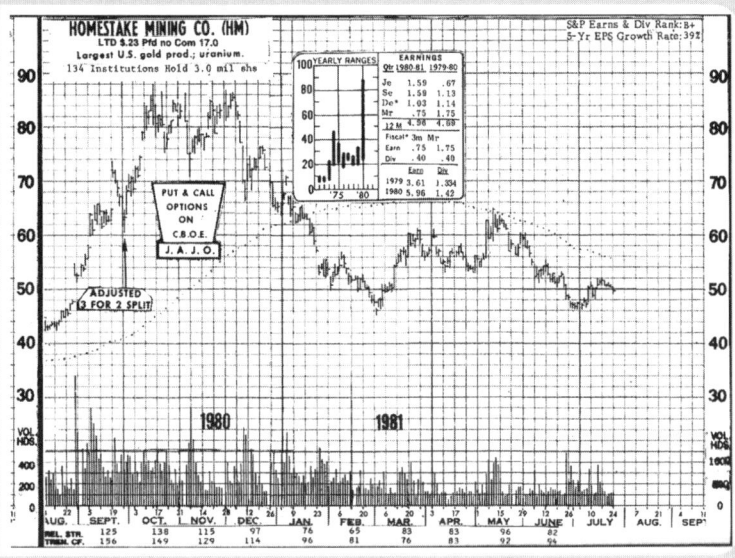

Quelle: S&P

Von 1973 bis 1980 konnte sie sich von 8 auf 80 Dollar verzehnfachen. Dies entspricht aber ziemlich genau dem Anstieg des Goldpreises in dieser Zeit. Nach dieser fulminanten Rallye war es allerdings mit weiteren Kursavancen für mehrere Jahrzehnte, ja eigentlich bis heute, vorbei. Die 80 Dollar von damals konnte Homestake nie wieder erreichen. Im Jahr 2002 wurde das Unternehmen von Barrick übernommen. Wenn man den Zusammenlegungskurs und die zwischenzeitlichen Kapitalmaßnahmen berücksichtigt, wäre beim heutigen Barrick-Kurs von zwölf Dollar der Homestake-Kurs heute 36 Dollar. Eine bessere Performance der Goldminen-Aktie Homestake gegenüber dem Goldpreis ließ sich im Laufe der Jahrzehnte nicht beobachten.

Hinzu kommt noch ein weiterer Punkt. In den Siebzigern wurden noch neue Goldvorkommen entdeckt, die den Aktienkurs deutlich steigern konnten. Heute dagegen ist die Erde ziemlich abgegrast und es werden kaum noch neue Goldvorkommen gefunden. Das Argument der neuen Goldfunde scheint also für die zukünftige Entwicklung der Goldminenkurse auszuscheiden. Eine Goldminengesellschaft, deren Aktienkurs sich in den letzten Jahren in etwa so wie der Goldpreis entwickelt hat, ist die britische Randgold-Aktie.

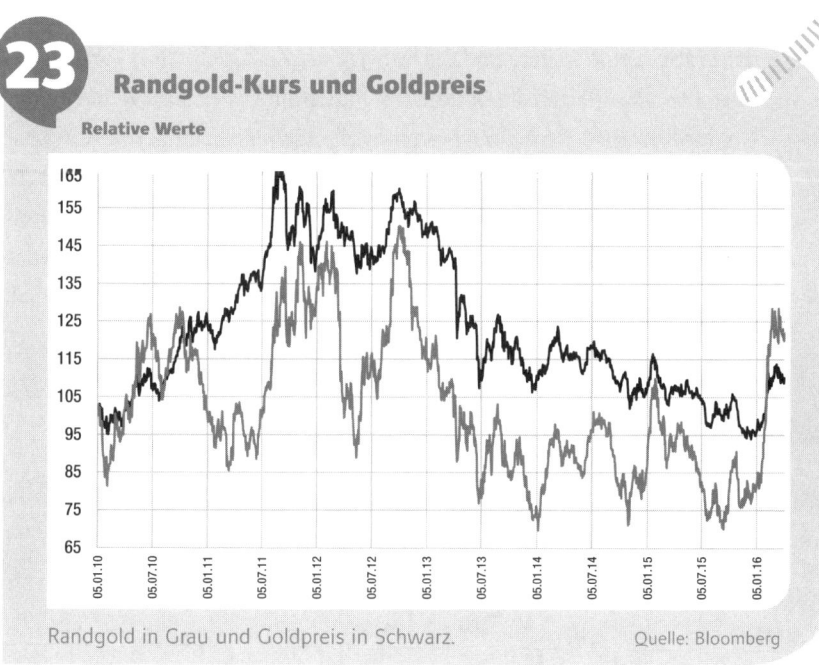

23 Randgold-Kurs und Goldpreis

Relative Werte

Randgold in Grau und Goldpreis in Schwarz.   Quelle: Bloomberg

Vom Januar des Jahres 2010 bis zum Januar 2016 hat sie sich von zwischenzeitlichen Abweichungen abgesehen ziemlich gleich wie der Goldpreis entwickelt. Der parallele Verlauf von Randgold und dem Goldpreis beruht darauf, dass Randgold fast die einzige Goldminengesellschaft ist, die schuldenfrei dasteht. Bei anderen Goldminengesellschaften stand eine hohe Verschuldung einer erfreulicheren Aktienkursentwicklung im Wege. Viele Firmen haben auf Kredit andere Goldminen und einige sogar Kupferminen zugekauft. Die ständigen Zinszahlungen haben eine günstigere Geschäftsentwicklung verhindert.

Im Chart fällt der starke Anstieg der Randgold-Aktie im Januar und Februar des Jahres 2016 auf. Er wurde nicht von einem entsprechenden Anstieg des Goldpreises begleitet. Die Randgold-Aktie notierte Ende Februar auf der gleichen Höhe wie im Jahr 2011, bei einem damaligen Goldpreis von 1.900 Dollar pro Unze. Bei den Goldminen-Aktien muss man berücksichtigen, dass bei einem erstmaligen Anstieg des Goldpreises nach einer längeren Abwärtsbewegung die Kurse der Minen-Aktien steil ansteigen und damit schon eine weitere positive Entwicklung des Goldpreises vorwegnehmen. Per saldo steigen die Goldminen-Aktien auf Dauer nicht weiter als der Goldpreis selbst. Deshalb ist es sinnvoll, nach einer längeren Abwärtsbewegung des Goldpreises auf Goldminen zu setzen. Sowohl im Juni 2012 als auch im Januar 2015 sorgte jeweils eine leichte Erholung des Goldpreises für einen dramatischen Anstieg der Randgold-Aktie. In den Phasen des nachgebenden Goldpreises fielen die Kurse dann aber überproportional. Auf Dauer haben Goldminen-Aktien den Goldpreis nicht geschlagen.

Auch die berühmte Barrick enttäuschte auf der ganzen Linie.

24 **Barrick und Goldpreis**

Relative Werte

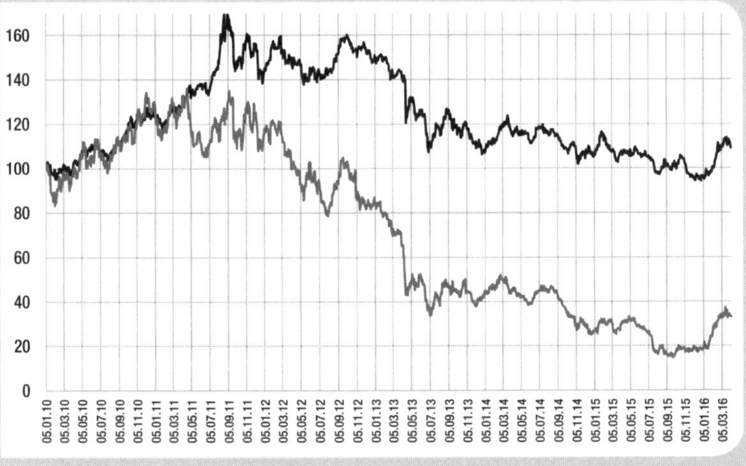

Barrick in Grau und Goldpreis in Schwarz.   Quelle: Bloomberg

In den letzten zehn Jahren hat sich der Kurs der Barrick-Aktie halbiert, während sich der Goldpreis verdoppeln konnte. Auf der Barrick-Aktie lastete der Fluch der hohen Verschuldung. Auf Kredit zugekaufte Firmen konnten die Zinsen für die Kredite nicht erwirtschaften. Auch für die Barrick-Aktie gilt, dass bei einem erstmaligen Anstieg des Goldpreises der Aktienkurs überproportional anzieht. Diese Outperformance wurde aber in der Vergangenheit in der Regel nicht aufrechterhalten. Im Gegenteil, nach dem steilen Anstieg des Kurses zu Beginn der Aufwärtsbewegung konnte der weitere Anstieg des Goldpreises nicht mehr in gleichem Maße nachvollzogen werden. Deshalb scheinen die Goldminen-Aktien außer zu den Gelegenheiten, bei denen der Goldpreis nach einer längeren Abwärtsbewegung anspringt, auf Dauer keine sinnvolle Alternative zum Gold selbst zu sein.

Hinzu kommt, dass nach Aussagen des Vorstandsvorsitzenden einer großen britischen Goldminengesellschaft die Fördermengen der weltweiten Goldminen in den nächsten vier Jahren vermutlich 20 Prozent sinken werden. Es scheint so zu sein, dass sich die Lagerstätten langsam erschöpfen. Die bekannten Lagerstätten der großen nordamerikanischen Goldminen reichen bei der gegenwärtigen Fördermenge noch 15 Jahre. Vor zwei Jahren wurde diese Reichweite mit 17 Jahren angegeben. In den letzten zwei Jahren wurden also keine neuen Vorkommen entdeckt. Falls dieser Trend so weitergeht, wer möchte dann in fünf Jahren noch eine Goldmine kaufen, die in zehn Jahren ihren Betrieb einstellen muss, weil sie über keine abbaubaren Lagerstätten mehr verfügt?

Der mangelnde Nachschub an Gold dürfte sich zwar außerordentlich positiv auf die weitere Entwicklung des Goldpreises auswirken, aber bei einer geringeren Fördermenge der Goldminen scheint der Gewinn der Unternehmen nicht im gleichen Maße zu steigen wie der Goldpreis. Der Kauf von Gold scheint gegenüber dem Erwerb einer Goldminen-Aktie die sinnvollere Alternative zu sein.

Physisches Gold kann man sich in beliebiger Stückelung mit einem anonymen Werttransport nach Hause bringen und von dort wieder abholen lassen, zum Beispiel von der Firma pro aurum. Ich nenne die

Firma nicht, weil ich für sie Werbung machen will, sondern weil ich mir selbst einmal Gold habe liefern lassen und es auch beim Verkauf wieder abgeholt wurde. Es gibt auch viele andere Firmen, aber von dieser kann ich sagen, dass das geklappt hat. Die Firma pro aurum besitzt in ihren Filialen auch Tresore und Schließfächer, die man mieten kann, um das Gold dort zu lagern. Allerdings sind in jüngster Zeit die Schließfächer, in die man sein Gold dort einschließen kann, alle schon vermietet. Man kann das Gold aber auch in einem großen Tresor der Firma lagern lassen, falls man zu Hause keine geeignete Aufbewahrungsmöglichkeit sieht. Der Kauf kann dann durch eine Überweisung des Kaufpreises abgeschlossen werden und man muss nicht extra anwesend sein. Falls man es irgendwann doch lieber unter die Matratze legt, obwohl Diebe da wohl immer als Erstes schauen, kann man es immer noch abholen oder sich schicken lassen.

Als Zertifikat oder physisch im Schließfach?

Ein Vorteil des Goldes ist, wie mir mein Steuerberater versicherte, dass bei einem etwaigen höheren Verkaufskurs bei physischem Gold keinerlei Steuern anfallen. In gewissen Phasen, die durchaus auftreten können, scheint Gold entweder physisch oder als Goldzertifikat sinnvoll, zum Beispiel A0S9GB oder möglicherweise währungsgesichert als DB0SEX. Wenn man Gold als Zertifikat kauft, besitzt man nicht den Vorteil der Steuerfreiheit, allerdings sind dafür die Ankaufs-Verkaufs-Spannen nicht so hoch wie beim physischen Gold. Bei Münzen mit einem Gewicht von einer Unze liegt diese Spanne bei etwa vier Prozent, bei 1-kg-Barren etwa bei drei Prozent.

Nun wird oft geraten, der Anleger solle ein Aktiendepot mit ein bisschen Gold absichern. Das geht jedoch nicht. Dazu ist der Hebel der Goldpreisveränderung zu klein. Wenn der Anleger ein Aktiendepot besitzt und eine Krise deutet sich an, werden die zehn Prozent, die in Gold angelegt sind, den Sturz der 90 Prozent des Depots, die in Aktien angelegt sind, nicht abfedern können. Auch ist es gar nicht sicher, dass der Goldpreis in einer Krise steigen wird. Während der von den US-Immobilien ausgelösten Finanzkrise im Jahr 2008 fiel der Goldpreis 30 Prozent zurück. Er erholte sich danach zwar schnell wieder, aber in der Krise ließ sich das Gold nur mit einem großen Verlust veräußern. Das Gold zu verkaufen, um die gestürzten Aktienkurse für eine billige Investition zu nutzen, hätte also nicht geklappt.

Selbst in der Krise im Jahr 2011, als der Euro auseinanderzubrechen drohte, stieg der Goldpreis nur 20 Prozent an. Wenn zehn Prozent des Depots 20 Prozent steigen, ergibt das eine Vermehrung von zwei Prozent, die nicht in der Lage ist, den Sturz der Aktien auszugleichen. Man kann also mit Gold das Depot nicht absichern.

Bleiben zwei Möglichkeiten. Wenn man der Meinung ist, dass in absehbarer Zeit eine Krise kommt, warum auch immer, sollte man einen größeren Teil des Depots in Gold anlegen. Dabei ist wichtig zu beachten, dass man in einer Zeit anlegt, in der der Goldpreis möglicherweise auch ohne Krise steigen kann. Die Anleger, die im Jahr 2011 auf dem Höhepunkt der Eurokrise ihr Geld in Sicherheit bringen wollten und Gold kauften, mussten nach dem Abklingen der Turbulenzen schwere Verluste einfahren. In Euro gerechnet waren es beinahe 30 Prozent und in Dollar gerechnet fast 50 Prozent. Der Euro-Anstieg hatte den Goldpreisverfall gedämpft. Einfach so Gold kaufen, nur aus Furcht vor einem Zusammenbruch, muss also keine günstige Investition sein.

Doch wie ich bereits im Verlauf des Buches dargelegt habe, scheint nun aus zyklischer Betrachtungsweise auch ohne Krise in absehbarer Zeit eine günstige Phase für Gold zu beginnen. Die zweite Möglichkeit besteht darin, im Normalfall kein Gold im Depot zu halten und erst dann zu kaufen, wenn sich die Anzeichen für eine nahende Krise verstärken. Damit kommen wir zu einem interessanten und wichtigen Punkt: Woran erkenne ich, dass eine Krise droht?

12 WORAN ERKENNE ICH DIE NÄCHSTE KRISE IM VORFELD?

I n den vorherigen Kapiteln habe ich darzustellen versucht, wann für die drei großen Investmentmöglichkeiten Aktien, Anleihen und Gold generell günstige Phasen anbrechen könnten. Nun kommt die Frage, welche Krisen möglich sind, wie ich erkenne, dass eine Krise droht, und wie sich die einzelnen Anlageinstrumente jeweils verhalten dürften. Bei allen Krisen, die ich bisher miterlebt habe, stiegen vorher deutlich die Inflationsraten und die Zinsen. Sie waren im Vorfeld zu erkennen und auch der Börsenindikator hat jedes Mal zuverlässig vorher Alarm geschlagen. Es bleibt die Frage, woher die Inflation kam, die zu steigenden Zinsen und nachher zu einer Rezession und der anschließenden Krise führte. Eine schlüssige Antwort darauf ist bis heute noch nicht gefunden worden. Nach der geltenden Lehre gilt Inflation als monetäres Phänomen. Zu viel Geld und zu wenige Waren bedeuten steigende Preise.

Der schönen Theorie zum Trotz lässt sich in der Realität kein Zusammenhang zwischen der Entwicklung der Geldmenge und der Teuerungsrate erkennen. Im Gegenteil, seit dem Jahr 1980 hat sich zum Beispiel in den USA die Geldmenge verzehnfacht, während in der gleichen Zeit die Teuerungsrate um 15 Prozent auf ein Prozent gesunken ist.

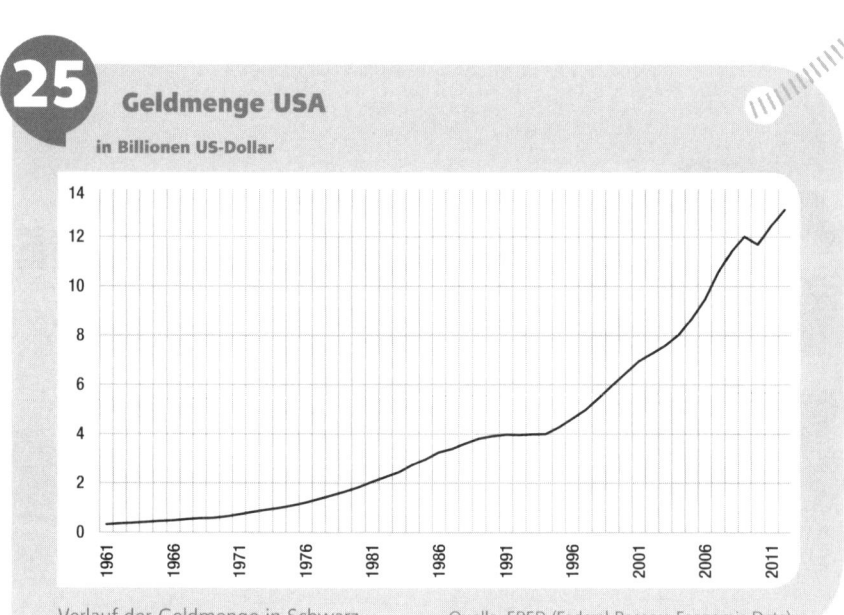

Geldmenge USA

in Billionen US-Dollar

Verlauf der Geldmenge in Schwarz. Quelle: FRED (Federal Reserve Economic Data)

An der Theorie, die Geldmenge und Inflation in Verbindung bringt, muss offensichtlich noch gearbeitet werden. Man könnte sogar die umgekehrte These aufstellen, dass nicht je größer die Geldmenge, desto höher die Inflation gilt, sondern je höher die Geldmenge, desto niedriger die Inflation.

Führt eine steigende Geldmenge zu sinkenden Inflationsraten statt zu steigenden?

Diese Interpretation wäre wenigstens durch die Fakten gedeckt. Sie könnte tatsächlich sogar einen wahren Kern enthalten. Es ist durchaus möglich, dass eine niedrige Inflationsrate die Folge von niedrigen Zinsen ist. Durch die Verfügbarkeit von Geld und billigen Krediten können quasi über Nacht Fabriken aus dem Boden gestampft und nachgefragte Güter in beliebiger Stückzahl produziert werden. So kann es gar nicht zu einer Verknappung des Warenangebots und dadurch zu steigenden Preisen kommen. Damit wären nicht die niedrigen Zinsen von der niedrigen Inflation verursacht, sondern die niedrige Teuerungsrate würde zwangsläufig den niedrigen Zinsen folgen.

Ein Unternehmen, das zum Beispiel im Jahr 1980 in den USA eine Erweiterung seiner Automobilproduktion plante, hätte bei einem Zinssatz von damals 19 Prozent, wenn es einen Kredit aufgenommen hätte, nach 20 Jahren inklusive Zins und Zinseszins das Dreißigfache zurückzahlen müssen. Die hohen Zinsen haben also Investitionen verhindert und damit für eine Verknappung des Warenangebots gesorgt, die zu steigenden Preisen führte. In Deutschland musste man damals zum Beispiel auf einen neuen Mercedes vier Jahre warten.

Bei dieser Interpretation befinden wir uns momentan natürlich in einer sehr ungünstigen Situation. Bei Zinsen von null Prozent kann die Inflationsrate nicht mehr steigen. Und ohne Teuerung steigen die Zinsen nicht, wir sitzen in der Falle. Diese Deutung, dass nicht Kapitalüberschuss, sondern Kapitalmangel zu einer steigenden Inflationsrate führt, könnte viele andere Befunde ebenfalls erklären. So führte die Kapitalvernichtung durch die große Pleitewelle während der Weltwirtschaftskrise 1932 zu Kapitalmangel, der deutlich steigende Teuerungsraten in den folgenden Jahren nach sich zog. Bis zum Jahr 1938 war die Inflationsrate wieder auf sechs Prozent geklettert. Die gigantische Kapitalvernichtung, die während des Zweiten Weltkriegs stattfand, sorgte für steigende Teuerungsraten bis weit in die Siebzigerjahre hinein.

Auch nach der Finanzkrise des Jahres 2008, in der viel Kapital verschwunden ist, stiegen die Inflationsraten deutlich an, in Europa auf über 3,5 Prozent, in den USA auf über 4,5 Prozent. Die Gold- und Kupferpreise stiegen auf höhere Werte als vor der Finanzkrise. Länder, die unter Kapitalflucht leiden und in denen es daraufhin zu Kapitalmangel kommt, etwa Brasilien oder Russland, werden seit Jahren von zweistelligen Inflationsraten heimgesucht, während Staaten, die aufgrund ihres Handelsbilanzüberschusses Kapital anhäufen, wie Deutschland und Japan, dagegen verschwindend geringe Teuerungsraten registrieren. Ein Land wie die Schweiz, die wegen ihrer Verschwiegenheit jahrzehntelang als der Kapitalmagnet schlechthin fungierte, registrierte sogar noch niedrigere Inflationsraten als Deutschland.

Diese Deutung würde auch die Bemühungen von EZB-Chef Mario Draghi in einem neuen Licht erscheinen lassen. Je mehr er mit niedrigen Zinsen und billigem Geld die Inflationsrate hochbekommen will, desto mehr drückt er sie in Wahrheit. So ist das, was er bekämpft, die Folge seiner Politik. Zu seinen Zinsentscheidungen kann man also tatsächlich sagen: dreimal gesenkt und immer noch zu tief. Oder, wie es heute heißt: Ich ess' und ess' und nehm' einfach nicht ab. Paul Watzlawick hat dieses Phänomen „Mehr vom Falschen" genannt. Eine Mutter schlägt ihr Kind, worauf es schreit, sie es dann noch mehr schlägt und es deshalb umso heftiger weint. Aus dieser Deutung folgt, dass wir erst nach einer Deflationskrise mit Kapitalvernichtung dauerhaft steigende Teuerungsraten bekommen werden. Auf die Möglichkeit, dass wir nach dem Jahr 2020 wieder eine lange Phase mit steigenden Inflationsraten erleben werden, gehe ich gegen Ende des Buches noch einmal ausführlich ein.

Die Lohnhöhe steuert die Teuerung

Darüber hinaus gibt es andere Einflüsse, die auf die Inflation wirken. Letztlich wird das Preisniveau von der Höhe der Löhne bestimmt. Nach dem Fall der Mauer und der Öffnung der Grenzen nach Osten hatte sich schlagartig das potenzielle Arbeitskräfteangebot erhöht. Dies drückte die Lohnentwicklung und damit auch die Preisentfaltung. In einem abgeschlossenen System, wie es die Bundesrepublik in den Siebzigerjahren des letzten Jahrhunderts war, konnte eine Gewerkschaft, zum Beispiel die ÖTV unter Chef Klunker im Jahr 1974, Lohnerhöhungen von elf Prozent durchsetzen. Die Lohngestaltung blieb im Endeffekt eine Frage der Macht. Die Lufthansa-Piloten konnten früher mit einem einzigen Streik das Unternehmen lahmlegen und ihm sämtliche Erlöse entziehen. Dadurch saßen sie immer am längeren Steuerknüppel und kamen mit so gut wie jeder ihrer Forderungen durch. Entsprechend schlecht haben sich die Lufthansa-Aktien in den letzten 50 Jahren entwickelt und entsprechend gut die Gehälter der Piloten.

Bis 1990 galt das Gleiche für VW. Auch dort konnte die Stammbelegschaft mit einem einzigen Streik alles lahmlegen. Auch sie nutzte dies weidlich aus, um für sich möglichst günstige Konditionen herauszubekommen. Die Aktionäre schauten in den Auspuff. 30 Jahre lang kein Kursgewinn, obwohl die Zahl der gebauten Autos sich in dieser Zeit verzehnfacht hatte. Dies änderte sich erst mit den VW-Werken im Osten und in China. In jedem Fall bleibt es mysteriös, wie es zu einem bestimmten Zeitpunkt zu der jeweiligen Inflationsrate kommt. Dennoch lässt sich im Ablauf der Teuerungsrate eine gewisse Gesetzmäßigkeit finden.

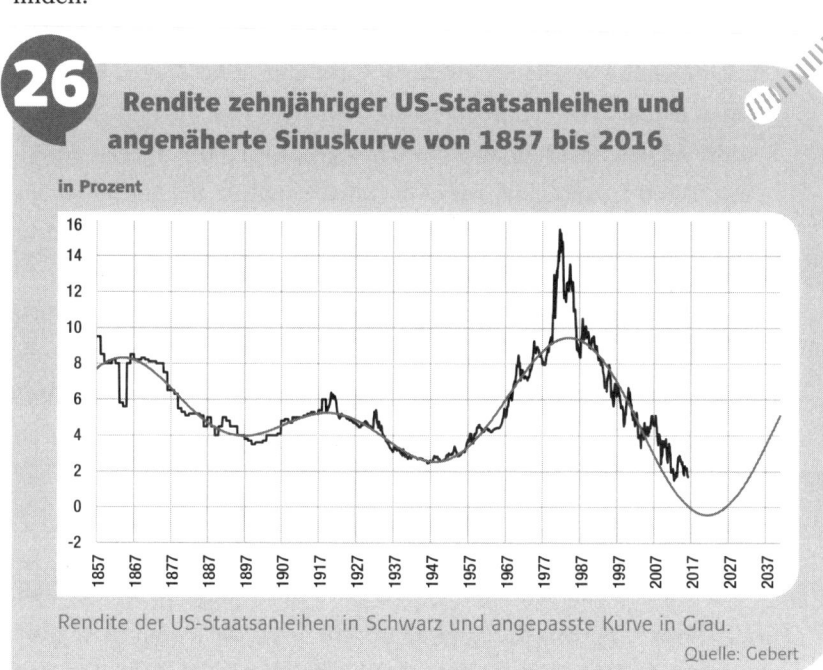

26 **Rendite zehnjähriger US-Staatsanleihen und angenäherte Sinuskurve von 1857 bis 2016**

in Prozent

Rendite der US-Staatsanleihen in Schwarz und angepasste Kurve in Grau.

Quelle: Gebert

Ich hatte in einem früheren Buch im Jahr 1992 versucht, die sich bis dahin ergebende Kurve der zeitlich aufgetragenen Rendite amerikanischer Staatsanleihen durch Sinuskurven zu synthetisieren. So sollten etwaige zyklische Gesetzmäßigkeiten entdeckt werden. Als beste Annäherung im Jahr 1992 ergab sich die Überlagerung von drei Sinusfunktionen. Dass sich von 1992 zurück bis zum Jahr 1857 die Rendite der amerikanischen Staatsanleihen von der Spitze um das Jahr 1980 abgesehen so genau darstellen ließ, hatte mich verblüfft. Die 10-Jahres-Rendite der Staatsanleihen notiert im Mittel zwei Prozentpunkte über der Inflationsrate.

An dieser Grafik kann man somit also auch erkennen, dass die Inflationsrate über 140 Jahre hinweg etwa im Takt von Sinusfunktionen schwang. Eigentlich kaum zu glauben bei der Vielzahl von Einflussfaktoren, die scheinbar zufällig verteilt auf die Teuerung wirken. Noch seltsamer war, dass bei der Berechnung im Jahr 1992, bei einer Anleiherendite von fast zehn Prozent, die synthetische Kurve eine fallende Anleiherendite für die nächsten 24 Jahre andeutete. Dieses Ergebnis schien damals vollkommen absurd. Trotzdem hielt sich die Anleiherendite in den nächsten 24 Jahren fast genau an die Vorgaben der Sinusfunktionen. Auch dass, wie es die Kurve simuliert, die Anleiherendite ins Minus fallen kann, konnte man aus damaliger Sicht nur als abstrus bezeichnen.

Welcher hellsichtige Weitblick in dieser angenäherten Kurve damals steckte, war mit aller Fantasie nicht zu begreifen. Heute ist es bereits gang und gäbe, dass Staatsanleihen kurzer Laufzeit mit einer negativen Verzinsung aufwarten.

Steigende Inflationsraten ab dem Jahr 2020

Nach dieser Grafik kommen wohl auch wieder Zeiten mit steigenden Inflationsraten, aber erst nach dem Jahr 2020. Bis dahin ist es noch lange hin. Es sollte aber im Hinterkopf behalten werden, dass in einigen Jahren ganz andere Anlageprodukte sinnvoll werden könnten als zurzeit. Ich werde im letzten Kapitel des Buches noch darauf zurückkommen. Für die nächsten drei Jahre sieht es dagegen so aus, dass nicht mit steigenden Inflationsraten und steigenden Zinsen gerechnet werden muss.

Wie schützt man sich vor Inflation, wenn sie kommt?

Auch dabei gilt, Bargeld ist zunächst am besten. Nun werden Sie einwenden, dass gerade beim Bargeld die Inflation die Kaufkraft auffrisst. Das ist richtig. Aber eine Inflationsrate von zehn Prozent kommt nicht über Nacht. Zunächst einmal muss sie auf ein Prozent steigen, auf zwei Prozent, auf drei Prozent und so weiter. In dieser Phase der steigenden Inflationsraten verlieren Finanzprodukte wie langlaufende Anleihen und Aktien deutlich an Wert. Zunächst einmal muss man sehen, dass man in diesen Verluststrudel nicht hineingerät. Da ist es nicht so wichtig, ob man zwei oder drei Prozent an Kaufkraft des Bargeldes verliert. Steigt beispielsweise die Inflationsrate von einem Prozent auf vier Prozent, verliert eine zehnjährige Bundesanleihe theoretisch etwa 30 Prozent. Ebenso viel werden deutsche Aktien in der Zeit abgeben. Bargeld schützt vor diesen Verlusten und man kann irgendwann, wenn die Inflationsrate wieder dreht, billig Aktien und Anleihen kaufen. Also ist es zunächst nicht so entscheidend, das Geld vor einem etwaigen Kaufkraftverlust zu schützen, sondern die Kursverluste von Anleihen und Aktien zu vermeiden, die mit einer steigenden Inflationsrate einhergehen.

Ist eine Krise ohne steigende Zinsen möglich?

Obwohl in den letzten 50 Jahren jeder Krise steigende Inflationsraten und steigende Zinsen vorangegangen waren und der Börsenindikator jedes Mal vorher rechtzeitig gewarnt hatte, ist es trotzdem denkbar, dass es in den nächsten Jahren zu einer Krise kommt, ohne dass sich vorher Zinsen und Inflationsraten bewegen. Wie kann ich dies nun erkennen und mich davor schützen? Bleibt aus meiner Sicht, wenn man sich nicht von vornherein im Bunker verschanzen möchte, zu versuchen, zyklische Strukturen zu erkennen. Wie schon geschildert, lässt sich erkennen, dass eine auffällige Bereitschaft, leicht panisch zu reagieren, in einem 16-wöchigen Turnus auftritt. Es existieren auch länger strukturierte Auffälligkeiten, die eine Handhabe liefern könnten, die eigenen Investmentpositionen danach auszurichten. Ich hatte bereits in meinem letzten Buch dargestellt, dass der DAX sich selbst um sieben Jahre und elf Monate verschoben streckenweise ähnelt.

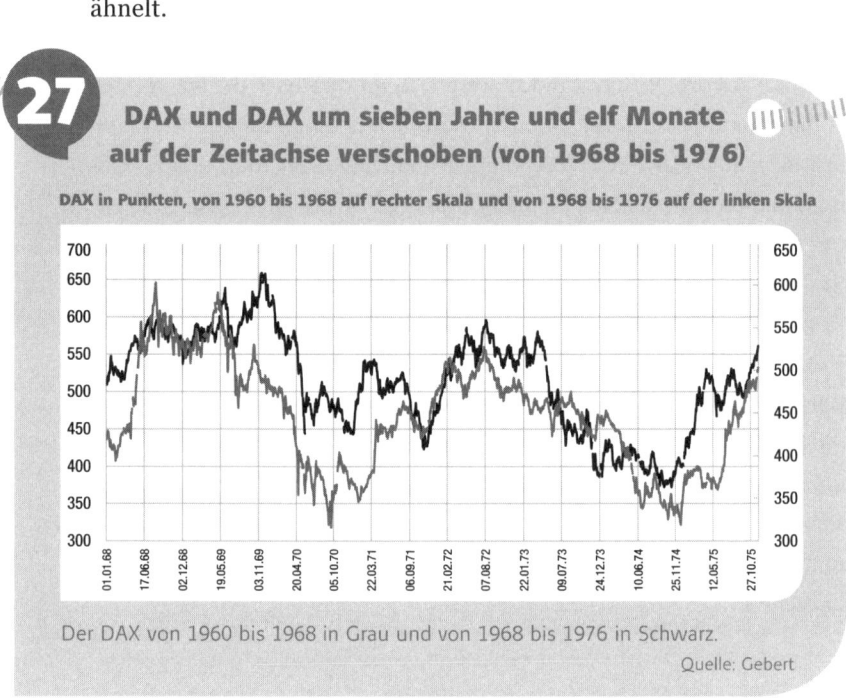

27

DAX und DAX um sieben Jahre und elf Monate auf der Zeitachse verschoben (von 1968 bis 1976)

DAX in Punkten, von 1960 bis 1968 auf rechter Skala und von 1968 bis 1976 auf der linken Skala

Der DAX von 1960 bis 1968 in Grau und von 1968 bis 1976 in Schwarz.

Quelle: Gebert

Das heißt, eine mögliche zukünftige Entwicklung der Kurse ist durch den Verlauf sieben Jahre und elf Monate zuvor gegeben.

28 **DAX und DAX um sieben Jahre und elf Monate auf der Zeitachse verschoben (von 2016 bis 2017)**

DAX in Punkten 2016 auf der linken Skala und von 2008 bis 2009 auf der rechten Skala

DAX vom Januar 2016 in Schwarz und von 2008 bis 2009 in Grau. Quelle: Gebert

Im aktuellen Fall, März 2016, kann das nicht wirklich ermutigen. Der DAX muss sich nicht zwingend an diese Vorgabe halten, aber als mögliches Szenario sollte man diesen Verlauf im Hinterkopf behalten. Außer dass man auf Inflationsraten, Zinsen und zyklische Strukturen achtet, ist mir keine Methode bekannt, wie man an der Börse Unheil aus dem Wege gehen kann.

Schützen Aktien vor einem Anstieg der Inflation?

Zunächst nicht. Mit einem Anstieg der Inflation klettern auch die Zinsen, was das Bewertungsniveau von Aktien deutlich senkt. Im Laufe der Jahre, wenn die Inflationsraten wieder zurückgehen und die Zinsen sinken, steigen die Aktienkurse auf ein höheres Niveau als vor dem Inflationsschub, weil inzwischen die Firmen mit den gestiegenen Preisen höhere Umsätze und Gewinne erzielen. In den Inflationsphasen in den Siebzigerjahren war es so, dass die Aktienkurse in Zeiten der steigenden Teuerungsraten drastisch absackten und dann bei wieder nachlassendem

Preisdruck in die Höhe schnellten. Deshalb ist es so wichtig, obwohl Aktien sehr langfristig die Kaufkraft erhalten, bei einem Anstieg der Teuerung nicht investiert zu sein.

Jeder Krise gingen bisher steigende Inflationsraten voraus

Gefahr drohte bisher nur von einer deutlich steigenden Inflationsrate. Wegen der Inflationsgefahr war es dann sinnvoll, Aktien und Anleihen zu verkaufen und Bargeld zu halten. Auch die anderen Krisen, etwa die schweren Wirtschaftsflauten und Rezessionen, begannen seit dem Jahr 1950 alle im Vorlauf mit steigenden Inflationsraten und steigenden Zinsen. Die große Rezession der Jahre 2008 und 2009 wurde durch stark steigende Inflationsraten und deshalb angehobene Zinsen eingeleitet. Den Normalfall der Krise – Inflation oder Rezession – vermeidet man also, wenn man immer auf die Inflationsrate achtet.

Auch Krisen ohne Inflation sind denkbar

In dem Nullzinsumfeld, in dem die Wirtschaft sich Anfang des Jahres 2016 bewegt, ohne Aussicht auf steigende Teuerungsraten, dürfte keine Wirtschaftsabschwächung auftreten. Trotz dieser eigentlich günstigen Voraussetzungen kommt die Wirtschaft in den USA, Europa und Asien nicht wirklich in Schwung. Warum die Wachstumsraten so abgesackt sind, ist noch nicht geklärt. Es besteht tatsächlich die Möglichkeit, dass sich die Wirtschaftstätigkeit weiter und weiter abschwächt und eine Rezession ohne wirklichen Grund entsteht.

Selbst bis heute weiß man zum Beispiel nicht, wie es zwischen 1929 und 1932 zu solch einer dramatischen Wirtschaftsverschlechterung kommen konnte. Zwar waren damals auch die Kurzfristzinsen vorher deutlich angestiegen, aber sie erklären nicht ganz die drastische Verschlechterung der wirtschaftlichen Lage, die dann folgen sollte. Es wurde von Marktsättigung gesprochen, von Geldmangel, doch warum die Menschen plötzlich nicht mehr kauften und wie gelähmt in den Abgrund starrten, bleibt bis heute rätselhaft.

Auch heute ist die Kaufzurückhaltung nicht erklärbar. Vielleicht haben die Menschen schon alles. Das iPhone 7 ist möglicherweise nicht so viel besser als das iPhone 6, dass sich eine neue Anschaffung lohnen würde. Das Wirtschaftswachstum könnte wieder anspringen, wenn eine ganz neue Klasse von Waren oder Dienstleistungen auf den Markt käme. In Japan wird darauf gesetzt, dass – so wie in den Achtzigerjahren des letzten Jahrhunderts der PC, der persönliche Computer, die Wirtschaft nach vorne getrieben hat – als Nächstes der PR, der persönliche Roboter, einen Siegeszug antreten wird.

Ich kann mich noch an die Worte von Bill Gates erinnern, als er in den Anfängen von Microsoft sagte, eines Tages werde jeder einen PC auf dem Schreibtisch haben. Ich war wirklich verwundert, diese Vorstellung schien mir absurd. Gar nicht so viele Jahre später sollte er recht bekommen. Vielleicht hat in nicht allzu ferner Zukunft jeder einen persönlichen Assistenten aus Blech.

Im Moment scheinen einfach keine neuen Produkte auf dem Markt zu sein, die die Wirtschaft wirklich vorantreiben könnten. Dies würde die Kaufzurückhaltung erklären. Andererseits gibt es auch heute schon viele erstrebenswerte Dinge, die die Menschen eigentlich zu Käufen verleiten sollten. Ein größeres Haus, ein neues Auto, eine Kreuzfahrt oder ein Elektrofahrrad sollten doch genug Anreiz bieten, Geld auszugeben. An mangelnder Kaufkraft kann es nicht liegen. Die verfügbaren Einkommen steigen unaufhörlich und die privaten Geldvermögen sind in Deutschland auf einen bisher nie gekannten Rekordwert von 5,3 Billionen Euro angewachsen. Es wird aber nicht so viel Geld ausgegeben, wie verfügbar wäre. Die Menschen scheinen zu sparen und das Geld für später aufzubewahren. Diese Tendenz war in früheren Jahrzehnten nicht so deutlich ausgeprägt. Damals glaubte man, später eine hohe Rente zu bekommen. Doch mittlerweile ist jedem klar, dass er die 20 Jahre zwischen dem durchschnittlichen Renteneintrittsalter von 60 Jahren und der Lebenserwartung von 80 Jahren nicht mit der gesetzlichen Rente überbrücken können wird.

Vielleicht spiegelt die Kaufzurückhaltung auch nur die begründete Vorstellung wider, dass man für sein Geld in zehn Jahren mehr wird kaufen können als heute. Nicht unbedingt mengenmäßig, aber in jedem Fall werden die Produkte qualitativ hochwertiger. Wer nicht das iPhone 1 gekauft hat, sondern bis zum iPhone 6 gewartet hat, besitzt ein um Klassen besseres Produkt für das gleiche Geld. Das Warten hat sich gelohnt. Ein Auto, das in fünf Jahren gekauft werden wird und das dann die Fähigkeit besitzen wird, selbstständig zu fahren, mag vielleicht kaum mehr kosten als ein Auto heute, aber auch seine Wertigkeit wird um ein Vielfaches höher sein als die des Autos von heute.

Die schwache Wirtschaftsentwicklung könnte deshalb wie schon in den Dreißigerjahren des letzten Jahrhunderts einfach eine Folge der versteckten oder leichten Deflation gewesen sein. Grundsätzlich ändern würde sich das Käuferverhalten erst, wenn sich die Vorstellung durchsetzt, dass ich für mein Geld in Zukunft weniger kaufen kann. Eine sich beschleunigende Inflationsrate würde den Wirtschaftskreislauf anheizen. Möglicherweise wird ein solches Szenario schon in wenigen Jahren Realität. Ich gehe im letzten Kapitel noch einmal ausführlich auf dieses Szenario ein. Doch im Moment tendieren die Wachstumsraten in den entwickelten Ländern gegen null. Da ist die Gefahr groß, dass sie ohne schwerwiegenden Anlass ins Minus fallen. So kann sich die Wirtschaft langsam, wie ein schleichender Platten beim Autoreifen, bis zur Rezession abschwächen.

WELCHES ANLAGE-INSTRUMENT IN WELCHER KRISE?

So, damit kommen wir nun zum Titel dieses Buches: Was ist zu tun? Welche Anlageinstrumente stehen im Fall einer Krise überhaupt zur Verfügung und wie würden sie sich jeweils entwickeln?

Nach Golde drängt, am Golde hängt doch alles

Gold ist nicht immer zwingend eine gute Investition. Wie schon geschildert, schrumpften 10.000 Euro, oder entsprechend etwa 20.000 D-Mark damals, von 1980 bis 1998 auf 3.300 Euro. Das gleiche Geld in Aktien angelegt hätte dagegen den Einsatz auf 100.000 Euro verzehnfacht. Auch vom Jahr 2011 bis zum Jahr 2015 konnte Gold nicht punkten, sondern verlor in Euro gerechnet ein Drittel seines Wertes. In Aktien angelegt hätte sich das Depot dagegen verdoppelt. Doch im Moment, Frühjahr 2016, könnte durchaus eine längerfristige Investition in Gold sinnvoll sein. Erstens hat der Goldpreis schon einen deutlichen Sturz hinter sich, in Dollar gerechnet verlor er von 2011 bis Dezember 2015 fast 50 Prozent seines Wertes, und zweitens könnte aus zyklischer Sicht ab Ende 2016 eine längere Abwärtsbewegung des

Dollar bevorstehen. Auch diese könnte den Goldpreis längerfristig beflügeln.

Hinzu kommt, was im Moment besonders wichtig erscheint, dass zwischen heute und dem Ende des nächsten Jahres durchaus eine Krise auf uns warten könnte. Gold verspricht hierbei einen gewissen Schutz. Während der Finanzkrise des Jahres 2008 verlor zwar der Goldpreis auch 30 Prozent seines Wertes in den chaotischen Tagen des Abwärtsstrudels, konnte sich danach aber relativ schnell wieder erholen. Grund für den Goldeinbruch schien damals, dass mehrere Großanleger in Liquiditätsschwierigkeiten geraten waren und deshalb verkaufen mussten, was aus ihren Depots zu verkaufen war. Auch während des berühmten Börsencrashs im Oktober des Jahres 1987, an den ich mich noch lebhaft erinnere, gab der Goldpreis zunächst nach, erholte sich aber auch zügig wieder.

Voll profitieren konnte Gold von der Krise im Jahr 2011, als die Schuldenkrise in Europa überhandzunehmen und der Euro auseinanderzubrechen drohte. Die Menschen kauften vor allem in Europa wie wild Goldbarren und Goldmünzen, da die reale Möglichkeit zu bestehen schien, dass der Euro seinem Ende entgegengehen würde. Dieser Drang zum Gold könnte sich in der nächsten Krise noch verstärken, da nach neuer Rechtslage im Notfall Kundeneinlagen zur Bankensanierung mit herangezogen werden. Dies könnte bei einer erneuten Schuldenkrise in Europa den Goldpreis wie schon im Jahr 2011 sprunghaft ansteigen lassen.

Der Kauf von Gold scheint also nicht nur im Notfall der Krise, sondern auch momentan bei einem durchaus nicht unfreundlichen längerfristigen Umfeld für Gold prophylaktisch eine sinnvolle Anlage zu sein. Bei den jüngsten Kursrückgängen des DAX im August 2015 und im Januar 2016 konnte der Goldpreis jeweils auch spürbar zulegen. Daraus kann man folgern, dass auch bei der nächsten Abwärtsbewegung der Aktien Gold an Wert gewinnen könnte.

Wie sieht es mit Anleihen aus?

Nachdem die Zinsen auf einen derart tiefen Stand gesunken sind, meinen die meisten Anleger, tiefer ginge es nicht. Jedoch höre ich diese Einschätzung schon seit Jahren und trotzdem fielen die Renditen immer weiter. Schon vor zwei Jahren machte das Wort von der „bond bubble", der Spekulationsblase am Anleihemarkt, die Runde. Ein Kommentator verstieg sich sogar zu der Aussage, es handele sich um die Mutter aller Spekulationsblasen. Offensichtlich war dies nicht der Fall.

Ich hatte im Juni des Jahres 2014 in meiner Kolumne im *Aktionär* unter dem Titel „Ein Prozent und noch tiefer" berichtet, dass von 67 von Bloomberg interviewten Wirtschaftswissenschaftlern 67 der Meinung waren, die Anleiherenditen würden in den nächsten sechs Monaten steigen. Ich hatte daraus in meinem Beitrag geschlossen, dass deshalb die Zinsen und die Anleiherenditen wohl eher weiter fallen würden. So kam es auch.

An der Börse muss man immer umgekehrt denken. Wenn man sich eine Aktie oder ein Finanzmarktinstrument anschaut und nach intensivem Studium und eigenen Überlegungen zu dem Schluss kommt, dass die Aktie oder ein anderes Anlagevehikel zu billig ist, muss man sich fragen, warum die anderen das anders sehen. Irre ich mich oder alle anderen? Es ist wie in dem Witz vom Geisterfahrer: „Einer? Hunderte!" Wenn so viele Marktkommentatoren so wie der mit der Mutter aller Spekulationsblasen der Meinung sind, der Anleihemarkt sei überbewertet, er aber trotzdem weiter steigt, scheint etwas in Gang zu sein, das die Menschen nicht sehen.

Was könnte das sein? Die Anleiherenditen fallen seit 36 Jahren. Jetzt darauf zu setzen, dass dieser Trend sich morgen drehen wird, spielt gegen die Wahrscheinlichkeit. Vor allem konnte bisher noch nicht schlüssig beantwortet werden, wie es überhaupt zu diesem Trend der seit 36 Jahren fallenden Zinsen und mittlerweile gegen null tendierenden Inflationsraten gekommen ist. Deshalb ist davon auszugehen, dass dieser Trend in erster Näherung weiterlaufen wird. Weltweit stecken wir damit nun in der Falle der niedrigen Wachstumsraten, die nicht angekurbelt werden können, weil die Zinsen wegen der niedrigen Inflationsrate und der bereits bei null verharrenden Zinsen nicht beliebig weit ins Minus gesenkt werden können. Deshalb, so vermutet man, könne die Wirtschaft nicht kräftig wachsen und die Inflationsrate sich nicht erholen. Diese Argumentationskette greift aber zu kurz. Die Inflationsraten und Zinsen fielen schon, lange bevor wir die die Nullgrenze erreicht hatten. Seit 36 Jahren fallen sie schon. Dass sie nun weiter fallen und die Wirtschaft nicht ausreichend wächst, kann also nicht nur an der Nullgrenze liegen. Eine andere Kraft, die Inflationsraten und Zinsen drückt, muss zusätzlich am Werk sein.

Über große Zeitspannen betrachtet verlaufen Anleihe- und Aktienkurse parallel

In der Zeit der sinkenden Zinsen und damit steigenden Anleihekurse zum Beispiel von 1980 bis zum Jahr 2000 erlebten auch die Aktien ihre goldenen Zeiten. Der Zusammenhang ist kausal, ich habe ihn ja bereits geschildert. Der Zins geht in den theoretischen Wert einer Aktie ein und über die Konjunkturentwicklung beeinflusst er die Unternehmensgewinne, auf die die Aktienkurse reagieren. In einer Krise wendet sich jedoch die Parallelität in Gegenläufigkeit. Dann wird die Anleihe als sicherer Hafen gesucht und die Aktie als Risikopapier verkauft. So verliefen zum Beispiel in den Krisenwochen zu Anfang des Jahres 2016 der DAX und der Kurs einer noch zehn Jahre laufenden US-Staatsanleihe, wie in der Grafik abgebildet, invers zueinander.

Relative Werte

US-Staatsanleihe in Schwarz und DAX in Grau.   Quelle: Bloomberg

Man erkennt, dass in einer Krise, wie zum Beispiel beim Sturz des DAX von Januar 2016 bis Mitte Februar, die amerikanische Staatsanleihe deutlich zulegen konnte.

In der Krise entwickeln sich Anleihen und Aktien gegenläufig

Insofern können US-Bonds durchaus als Schutz in der Krise und als sicherer Hafen angesehen werden. Da dieser Trend zu sinkenden Zinsen, von dem niemand weiß, warum er überhaupt existiert, unwahrscheinlich nach 36 Jahren plötzlich dreht, scheint diese Anlage auch in dem Fall, den man auch mitdenken muss, nämlich dass keine Krise kommt, sich nicht zwingend ungünstig entwickeln zu müssen. Wenn man der Grafik 26, die ich im Buch weiter vorne dargestellt habe und die den Verlauf der Renditen der US-Staatsanleihen seit 1857 durch Sinuskurven annähert, eine gewisse Prognosekraft zubilligt, weil sie die letzten 24 Jahre bereits richtig vorhergesagt hat, kann man davon ausgehen, dass eine Wende bei den US-Anleiherenditen erst nach dem Jahr 2020 auftreten sollte.

Welche US-Staatsanleihen kommen infrage? Der US-Treasury Bond mit der Wertpapierkennnummer A1Z48V bietet einen Kupon von zwei Prozent und läuft bis zum Jahr 2025. Etwas kürzer, nur bis zum Jahr 2021, läuft das Wertpapier mit der Kennnummer A1ZY9U. Dieser Bond besitzt einen Kupon von 1,375 Prozent und rentiert bei einem aktuellen Kurs von 101,2 mit 1,1 Prozent.

Was spricht gegen eine US-Staatsanleihe? Anleihen entwickeln sich ungünstig, wenn die Inflationsraten und die Zinsen steigen. Die 10-Jahres-Rendite in den USA liegt im Moment bei knapp unter zwei Prozent. Würde sie nun auf drei Prozent steigen, bekäme derjenige, der bei zwei Prozent die Anleihen gekauft hat, zehn Jahre lang ein Prozent weniger. Das heißt, der Kurs der Anleihe nimmt diese Mindereinnahmen bis zum Laufzeitende vorweg und fällt deshalb etwa zehn Prozent. Es ist zwar durchaus wahrscheinlich, dass die US-Inflationsrate irgendwann wieder ansteigen wird. Deshalb ist diese zehnjährige Staatsanleihe nicht dafür gedacht, sie zehn Jahre lang zu halten. Aber in einer Krise steigt die Inflationsrate nicht, sondern sie geht eher zurück.

Der zweite Risikopunkt liegt im Wechselkurs, da der Kauf einer US-Staatsanleihe eine Investition in den Dollar darstellt. Auch hier bin ich der Meinung, dass auf fünf Jahre Sicht der Dollar eher an Boden verlieren wird, also auch unter diesem Aspekt eine Langfristanlage in die US-Staatsanleihen nicht sinnvoll erscheint. Wenn es jedoch zu einer ernsthaften Krise kommen sollte, steigt der Dollar eher, wegen des Aspekts der Flucht in die Sicherheit. Bei der nächsten schweren Krise könnten durchaus der Euro und ein mögliches Auseinanderbrechen des Euroraums im Zentrum der Turbulenzen stehen. Bleibt als letzter Punkt die Bonität des Schuldners. Dabei kann man komplett Entwarnung geben: Im Moment betragen die Staatsschulden der USA 75 Prozent des Bruttoinlandsprodukts und werden auch in den nächsten zehn Jahren nach Angaben des Congressional Budget Office nur auf 85 Prozent steigen.

Befinden wir uns in einer Spekulationsblase der Anleihen?

Ganz im Gegenteil. Es sind sehr viele Anleger, ja fast alle, negativ für Anleihen gestimmt. Es wird schon so lange von einer „bond bubble" gesprochen und schon vor zwei Jahren wurde von einem Marktkommentator die „Mutter aller Spekulationsblasen" ausgerufen. Dabei sind die Kurse seitdem nur weiter gestiegen. Wenn alle der Meinung sind, die Anleihen müssten fallen, wird mit ziemlicher Sicherheit das Gegenteil geschehen. Solange man gar nicht weiß, warum die Anleiherenditen immer weiter fallen, kann man auch keinen Grund dafür angeben, warum sie damit auf einmal aufhören sollten. Seit 36 Jahren steigen die Anleihekurse und fallen im Gegenzug die Renditen. Wie groß ist die Wahrscheinlichkeit, dass ein Trend, der seit 36 Jahren läuft, morgen aufhört und sich ins Gegenteil verkehrt?

Aktien und Anleihen lieferten das gleiche Ergebnis

Aktien scheinen von den infrage kommenden Finanzinstrumenten in den nächsten ein bis zwei Jahren vorübergehend die ungünstigste Prognose zu besitzen. Sowohl vor acht als auch vor 16 Jahren folgten an gleicher Stelle im langlaufenden Zyklus ausgedehnte Abwärtsbewegungen. Es muss diesmal nicht wieder so kommen, aber das Risiko, dass nun eine Durststrecke folgt, kann nicht vernachlässigt werden. Ohnehin darf man keine unrealistischen Forderungen an die weitere Entwicklung der Aktienkurse stellen. In den vergangenen Jahrzehnten war im Mittel der Ertrag, den man mit einer Aktienanlage langfristig erzielt hat, genauso groß wie der, den man in der gleichen Zeit mit zehnjährigen Bundesanleihen erreicht hätte, die lange Zeit unterschiedliche Besteuerung nicht eingerechnet. Das ist nicht zufällig so.

Seit 1962 hat der DAX, in den die gezahlten Dividenden eingerechnet werden, im Mittel 5,7 Prozent pro Jahr zugelegt. 2,8 Prozent betrug die Inflationsrate im Durchschnitt in dieser Zeit. Daraus ergibt sich ein realer Zuwachs von 2,9 Prozent pro Jahr. Im Vergleich dazu rentierten zehnjährige Bundesanleihen im Durchschnitt dieser Jahrzehnte zwei Prozentpunkte über der Inflationsrate. Da während der größten Strecke dieser Zeit die Inflationsrate fiel, erlangte man beim Kauf einer zehnjährigen Bundesanleihe über die Laufzeit hinweg mehr als zwei Prozent real. Wurde zum Beispiel bei einer Inflationsrate von vier Prozent und einer Rendite der Anleihe von sechs Prozent gekauft und innerhalb von zehn Jahren war die Inflationsrate auf zwei Prozent gesunken, erzielte man mit der Anleihe im Mittel einen realen Ertrag von drei Prozent. So ergibt sich durch die lange Zeit der fallenden Zinsen auch für Anleiheinvestoren ein realer Ertrag von drei Prozent.

Ein anderes Ergebnis würde auch verwundern. Wenn zwei unterschiedliche Anlageformen mit einer ähnlichen Sicherheit stark voneinander abweichende Ertragserwartungen besäßen, könnte man davon ausgehen, dass der Markt die Instrumente nicht richtig bewertet oder sie in der wahrgenommenen Sicherheit stark voneinander abweichen. Die beiden Betrachtungen der historischen Erträge wurden allerdings ohne Berücksichtigung der Besteuerung durchgeführt.

Die Aktien besaßen den großen Vorteil, dass ihre Kursgewinne damals nach Ablauf der Spekulationsfrist steuerfrei zu vereinnahmen waren. Bei Anleihen konnte man zwar ebenfalls einen etwaigen Kursgewinn ohne Abzüge einstreichen, aber bei einem Halten bis zur Endfälligkeit wurden sie zu 100, dem Ausgabekurs, zurückgezahlt. Steuerfreie Kursgewinne fielen bei den Anleihen also nicht an. Der gesamte Zinsertrag unterlag damit der Steuer. Bei den Aktien wurden nur die Dividenden besteuert und die Kursgewinne waren steuerfrei. Aktien konnten also von ihrem Steuerprivileg profitieren.

Aktien wurden steuerlich bevorzugt

Wären Aktien anders besteuert worden, zum Beispiel Dividenden und Kurszuwächse jedes Jahr zum persönlichen Steuersatz, wie es jetzt mehrfach für die Zukunft vorgeschlagen wurde, hätte sich in den letzten

55 Jahren per saldo mit Aktien kein realer Ertrag erzielen lassen. Von dem jährlichen Zuwachs von 5,7 Prozent inklusive der Dividenden hätten dann Steuern bezahlt werden müssen. Einem Durchschnittsverdiener, der die Erträge zusätzlich versteuert hätte, wären etwa 50 Prozent abgezogen worden. 2,9 Prozent wären damit nach Steuern übrig geblieben. Wenn man davon noch die Inflationsrate von 2,8 Prozent abzieht, bleibt ein realer Ertrag von 0,1 Prozent pro Jahr. Man hätte also bei einer Besteuerung zum persönlichen Steuersatz, so wie es jetzt als Modell, das die Abgeltungsteuer ersetzen soll, vorgeschlagen wird, in den letzten Jahrzehnten mit der Aktienanlage gerade einmal die Kaufkraft halten können. Ein realer Vermogenszuwachs hätte sich nicht ergeben.

Diese steuerliche Bevorzugung der Aktien in der Vergangenheit war offensichtlich politisch gewollt. Sie sollte Risikokapital für Unternehmen, die Wirtschaftswachstum und Arbeitsplätze schaffen, bevorzugen. Für Anleger sollte es sich lohnen, Aktiengesellschaften Kapital zur Verfügung zu stellen.

Die reale Verzinsung der zehnjährigen Anleihen von zwei Prozentpunkten bis vor einigen Jahren entspricht nicht zufällig dem mittleren Produktivitätswachstum in dieser Zeit. Nur was zusätzlich in einer Firma oder im ganzen Land erwirtschaftet wurde, konnte auch an Zinsen ausbezahlt werden. Dies ist die gleiche Größe, die in die Steigerungsrate der Aktienkurse eingeht. Auch sie tragen der Preisentwicklung auf Dauer Rechnung, weil sich die Umsätze der Firmen entsprechend erhöhen, und sie profitieren ebenfalls von dem Produktivitätszuwachs.

Im Moment liegt die Rendite zehnjähriger Bundesanleihen bei 0,3 Prozent pro Jahr. Damit ist der Erwartungswert einer Anlage, egal ob Anleihe oder Aktie, ebenfalls 0,3 Prozent pro Jahr für die nächsten zehn Jahre. Das lässt sich nicht steigern. Erhöhe ich das Risiko, steigt in gleichem Maße die Ausfallwahrscheinlichkeit. Kaufe ich zehn verschiedene riskante Anleihen mit je fünf Prozent Rendite, fallen statistisch drei aus und ich habe nach zehn Jahren den gleichen Ertrag wie mit der Bundesanleihe. Der Markt ist in sich schlüssig gepreist.

Auch Bundesanleihen und DAX sollten auf zehn Jahre Sicht etwa das gleiche Resultat liefern. So war es jedenfalls im Mittel in der Vergangenheit. Damit notiert der DAX in erster Näherung in zehn Jahren bei 10.300 Punkten. Man kann also nicht die bisherigen Steigerungsraten der deutschen Aktien der letzten Jahrzehnte in die Zukunft fortschreiben. Würden sie weiter mit ihrer Rate von 5,7 Prozent wie in den vergangenen Jahrzehnten steigen, stünde der DAX in zehn Jahren bei 17.400 Punkten. Doch die Situation hat sich ja mittlerweile grundlegend geändert. Wir werden in den nächsten Jahren keine Inflationsrate von 2,8 Prozent mehr registrieren können. Wenn wir nun die Inflationsrate von 2,8 Prozent von dem durchschnittlichen Anstieg der Aktien von 5,7 Prozent abziehen und die erhaltenen 2,9 Prozent bei stabilen Preisen in die Zukunft extrapolieren, kommen wir auf einen DAX-Stand von 13.300 Punkten in zehn Jahren. Da seit längerer Zeit der Realzins auf null gesunken ist – zehnjährige Anleihen rentierten nur noch so hoch wie die jeweilige Inflationsrate –, kann man schließen, dass das Produktivitätswachstum in der letzten Zeit ebenfalls gegen null tendiert.

Auch andere Untersuchungen weisen in diese Richtung. Bei einem Produktivitätswachstum, das gegen null tendiert, und einer Teuerung, die auch kaum über die 1-Prozent-Marke klettert, scheint auch ein dauerhafter Anstieg der deutschen Aktienkurse schwierig. Deshalb ist der Erwartungswert von 0,3 Prozent pro Jahr für die deutschen Aktien, der sich aus dem Vergleich mit den deutschen Bundesanleihen ergibt, nicht unrealistisch. Trotzdem werden sich auch am Aktienmarkt Gelegenheiten ergeben. Der Markt bleibt ja in den nächsten Jahren nicht konstant. Er fällt einmal und steigt wieder. Um bei einem nicht sehr deutlich weiter steigenden Gesamtmarkt trotzdem gut abzuschneiden, könnten sich der Börsenindikator und zyklische Überlegungen als hilfreich erweisen. Allzu optimistische Prognosen für den DAX wie die Hoffnung, er könne in zehn Jahren bei 20.000 Punkten notieren, scheinen unbegründet.

Inflationsbereinigt hat der DAX enttäuscht

Wenn man die durchschnittliche Inflationsrate von 2,8 Prozent aus dem mittleren jährlichen Anstieg des DAX von 5,7 Prozent herausrechnet, bleibt ein Anstieg von 2,9 Prozent pro Jahr übrig. Ein großer Teil des schönen DAX-Anstiegs seit 1962 geht also einfach auf das Konto der Inflation. Preisbereinigt konnte der DAX seitdem nur 368 Prozent zulegen. Eigentlich ist es lausig, dass der DAX in den letzten 54 Jahren real nur 368 Prozent steigen konnte. In diese Zeit fielen die Jahre des Wirtschaftswunders. VW verkauft heute mehr als zehnmal so viele Autos wie damals und mit der Lufthansa fliegen heute mehr als zehnmal so viele Passagiere. Warum konnten die Aktionäre nicht entsprechend partizipieren? Irgendjemand hat abkassiert. Der Aktionär jedenfalls nicht.

Der DAX notiert also heute real bei 2.341 Punkten. Dort stünden wir heute, wenn wir von 1962 bis heute eine Inflationsrate von null Prozent erlebt hätten. Wenn wir nun von diesem inflationsbereinigten durchschnittlichen Anstieg von 2,9 Prozent pro Jahr in den letzten 54 Jahren noch die etwa 0,9 Prozent herausrechnen, die sich daraus ergeben haben, dass die Zinsen während der meisten Zeit gesunken sind, was ebenfalls kurstreibend wirkt, bleibt der historische Produktivitätsanstieg von zwei Prozent pro Jahr übrig. Mit diesem Anstieg lägen wir beim Startpunkt von 10.000 Punkten heute in zehn Jahren bei 12.190 Punkten.

Wenn man jedoch dem gesunkenen Produktivitätsfortschritt Rechnung trägt und diesen ebenfalls mit der Rate von null der letzten Jahre in Ansatz bringt, stünde der DAX in zehn Jahren immer noch bei 10.000 Punkten. Bleibt noch die Frage des Startpunkts. Ist der DAX heute, Anfang April 2016, mit 10.000 Punkten richtig bewertet, überbewertet oder zu billig? Kann es sein, dass er nach dem Einbruch vom Januar und Februar noch Nachholbedarf hat? Müsste der faire Wert im Moment bei 11.000 Punkten liegen? Dies lässt sich ad hoc nicht entscheiden. Dann wäre eben der vermutete Kurs in zehn Jahren entsprechend höher. Aber was ist, wenn der DAX heute zwar unterbewertet, er aber in zehn Jahren ebenfalls unterbewertet ist? Das kann man nicht ausschließen.

WOHER KÖNNTE EINE REZESSION KOMMEN?

Wenn das Wirtschaftswachstum so stark nachlässt, dass die Wirtschaftstätigkeit in zwei aufeinanderfolgenden Quartalen schrumpft, spricht man von einer Rezession. Bisher gingen allen Rezessionen steigende Inflationsraten, kletternde Zinsen oder beides voraus. Vor jeder Rezession der letzten 50 Jahre in den USA wurde von der Notenbank der kurzfristige Zins deutlich angehoben. In jedem einzelnen Fall kam es vor der Rezession zu einer Zinsinversion. In diesem Fall liegt der Tagesgeldsatz über der 10-Jahres-Rendite der Staatsanleihen.

Als Frühwarnsystem zum Schutz vor einer Rezession, die in jedem Fall von einer längeren ungünstigen Kursentwicklung der Aktien begleitet wird, müssen Zins und Inflationsrate beachtet werden. Deshalb sollte im Normalfall der Krise der Börsenindikator eine große Hilfe sein. Obwohl bisher Rezessionen ohne steigende Zinsen noch nicht aufgetreten sind, wären auch andere Auslöser für eine Wirtschaftsabschwächung denkbar. Es können Ereignisse eintreten, die die Menschen zu Kaufzurückhaltung veranlassen. Dies könnte der Ausbruch einer neuen hochinfektiösen Grippewelle sein, der die Menschen davon abhält zu fliegen, zu verreisen oder einzukaufen. Ferner könnte eine Anschlagsserie auf die Zivilluftfahrt, den Zugverkehr oder andere Plätze mit großen Menschenansammlungen Menschen verängstigen und von ihrem normalen Tagesgeschäft abhalten. Solche Ereignisse kann man nicht vorhersehen und sie sollten auch nach wenigen Monaten wieder aus den Kursen herausgewaschen sein.

Vorkommnisse wirtschaftlicher Natur, die zu einer ungünstigen Wirtschaftsentwicklung führen könnten, sind ebenfalls vorstellbar. Hierzu gehören in erster Linie Währungsverschiebungen. Die Währungsturbulenzen, die bisher zu Verwerfungen an den Aktienmärkten geführt haben, gingen in der Vergangenheit allerdings in der Regel mit Zinserhöhungen einher. So führte damals die im Nachhinein als falsch erkannte Zinserhöhung von sieben auf siebendreiviertel Prozent des Bundesbankpräsidenten Schlesinger im Jahr 1992 zu Spannungen im europäischen Währungssystem.

Der Vorläufer des Euro bestand aus einem Währungsverbund, in dem die Kurse der europäischen Währungen, zum Beispiel der Französische Franc oder die Italienische Lira, in einem engen Schwankungsrahmen gekoppelt waren. Fiel eine Währung an den unteren Rand des zulässigen Bandes, waren die anderen Notenbanken verpflichtet, diese Währung zu kaufen und zu stützen, um sie so in dem verabredeten Band zu halten. Doch nach der deutschen Zinserhöhung stieg die Attraktivität der D-Mark so stark an, dass sie nicht mehr in dem festen Wechselkursverbund gehalten werden konnte. Die Lira sackte über 30 Prozent gegen die D-Mark ab. So wurden deutsche Waren in Italien auf einen Schlag 30 Prozent teurer, was die deutschen Exporte massiv behinderte. Unmittelbar nach der Zinserhöhung stürzten die deutschen Aktienkurse innerhalb von sechs Wochen 20 Prozent und nahmen damit die kommende schlechtere Wirtschaftsentwicklung vorweg.

Denkbar sind auch Währungsturbulenzen, die nicht auf Zinserhöhungen zurückgehen

Die Währungsrelation zwischen dem Chinesischen Renminbi und dem US-Dollar scheint hier besonders sensibel zu sein. Der Renminbi wird allerdings nicht frei gehandelt und kann auch nicht in beliebiger Größenordnung ein- oder ausgeführt werden. Die chinesische Notenbank, die PBOC, Peoples Bank of China, versucht den Renminbi in einem engen Band gegen den US-Dollar zu halten.

Die Furcht, der Renminbi könnte abstürzen und damit chinesische Waren auf dem Weltmarkt noch billiger werden lassen und so die Deflationsspirale weiter anheizen, scheint zunächst aber unbegründet. Die chinesische Notenbank besitzt Währungsreserven in großer Höhe und außerdem erwirtschaftet China einen Handelsbilanzüberschuss von 30 Milliarden Dollar pro Monat. Die chinesische Währung dürfte deshalb eigentlich nicht schwach werden, da pro Monat 30 Milliarden Dollar mehr Renminbi nachgefragt als angeboten werden. Doch dass die Bewegung der chinesischen Währung Märkte verunsichert, konnte man im August des Jahres 2015 beobachten, als ein Rutsch des Renminbi um wenige Prozent gegen den US-Dollar die Aktienmärkte in eine Abwärtsspirale drückte.

Eine Rezession ohne Grund

Denkbar ist auch, dass sich das schon seit Jahren abschwächende Wirtschaftswachstum immer weiter verlangsamt und ins Minus abgleitet, wie ich es bereits angesprochen habe. Von Anfang 2008 bis Ende 2015 hat sich der Schuldenstand des amerikanischen Staates in Prozent des jeweiligen Bruttoinlandsprodukts auf 75 Prozent verdoppelt.

30 Zunahme der Schulden während der Regierungszeit von Präsident Obama

in Millionen Dollar

Stand der Staatsschulden beim jeweiligen Datum.

Quelle: FRED (Federal Reserve Economic Data)

In US-Dollar gerechnet, nicht als Prozentsatz des Bruttoinlandsprodukts, stieg die Verschuldung von 5,3 Billionen US-Dollar im Jahr 2008 auf 13,7 Billionen US-Dollar am Ende des Jahres 2015. In diesen acht Jahren hat die US-Regierung also neue Schulden in Höhe von 39 Prozent des Bruttoinlandsprodukts aufgenommen und für Projekte ihrer Wahl ausgegeben. In dieser Zeit wuchs das Bruttoinlandsprodukt aber nur um 26 Prozent. So viel zu dem Argument der Befürworter von höheren Staatsausgaben. In ihrer Argumentationskette wird ja oft vorgebracht, wenn der Staat ein Prozent des Bruttoinlandsprodukts auf Kredit mehr für sinnvolle Maßnahmen wie zum Beispiel die Arbeitsförderung oder die Infrastruktur ausgibt, werde das Bruttoinlandsprodukt mit einem Multiplikator von zwei oder zumindest 1,5 wachsen. Da kann man ganz klar sagen, dass diese Theorie einfach falsch ist. In den USA haben 39 Prozent zusätzliche Ausgaben auf Pump nur zu einem Wirtschaftswachstum von 26 Prozent geführt. Der Multiplikator betrug nur 0,67.

Ohne die gigantische Neuverschuldung wäre die US-Wirtschaft seit 2009 nicht gewachsen

Stellen wir uns vor, Präsident Obama hätte auf die Schuldenorgie verzichtet und in der Zeit versucht, einen ausgeglichenen Haushalt hinzubekommen. Dann hätte sich die Staatsverschuldung nicht erhöht und in der Wirtschaftsleistung hätten 39 Prozent des Bruttoinlandsprodukts als Nachfrage gefehlt. Das heißt, ohne zusätzliche Staatsausgaben wäre die US-Wirtschaft seit dem Einbruch im Jahr 2008 nicht wieder gewachsen, sondern weiter geschrumpft. Und das nach dem schwersten Wirtschaftseinbruch seit 1932, wo sich doch sonst die Wirtschaft nach einem Einbruch von allein recht schnell wieder erholt.

Warum weltweit die Wachstumsraten so abflauen und in den USA ohne künstliche Beatmung seit neun Jahren negativ wären, ist bisher noch nicht geklärt. Was man jedoch mit Sicherheit sagen kann, ist, dass die nächste US-Regierung den Schuldenstand nicht noch einmal verdoppeln kann. Wenn in den nächsten acht Jahren die 39 Prozent des Bruttoinlandsprodukts zusätzliche Nachfrage ausfallen, die in den letzten acht Jahren auf Kredit finanziert wurden, ist es schwierig, zu sehen, wie die Amerikaner in den nächsten Jahren ein Wirtschaftswachstum von deutlich über null Prozent hinbekommen sollen. Auch in Europa blieb das Wachstum nach der Finanzkrise anämisch. Im Jahr 2015 erfolgte eine leichte Belebung, weil der 20 Prozent gegen den Dollar gefallene Euro die Exporte ankurbelte und so eine Wachstumsrate von etwas über einem Prozent erreicht wurde.

In diesem Fall – dass die USA nicht weiter mit dieser Rate neue Schulden aufnehmen – würde es in den nächsten zwei bis drei Jahren so aussehen, dass das Wachstum in den USA und Europa sich weiter verlangsamen und gegen null oder darunter tendieren wird. Auch China wird sich vermutlich weiter abschwächen, wenn die Nachfrage aus Europa und den USA nachgibt. So scheint die weltweite Rezession ohne Grund nicht nur möglich, sondern fast wahrscheinlich oder unausweichlich. Ohne die in Zukunft nicht mehr unbegrenzt mögliche zusätzliche

Nachfrage auf Pump aus den USA könnten die Wachstumsraten unweigerlich ins Minus driften. Die kurzfristigen Zinsen sollten deshalb auf ihrem niedrigen Niveau verharren, da sie ohnehin kaum mehr weiter fallen können. Die Anleiherenditen könnten sogar noch weiter nachgeben und die Anleihekurse damit steigen. Dieses Szenario spricht für den Kauf von US-Staatsanleihen. Bei weiterhin niedrigen Inflationsraten und magerem Wirtschaftswachstum können die Anleihekurse profitieren.

Für den Goldpreis scheint dieses Szenario eher neutral zu wirken. Falls sich keine krisenhafte Zuspitzung ergibt, muss man das Umfeld der nicht steigenden Rohstoffpreise und des mangelnden Wirtschaftswachstums nicht als goldpreisfördernd einstufen. Große Zuwächse bei den Aktienkursen scheint dieses Szenario auch nicht zu versprechen. Ohne Wirtschaftswachstum und damit steigende Unternehmensgewinne scheint das Potenzial der Firmenanteile begrenzt. Möglich wäre, zu versuchen, Schwankungen auszunutzen, unter Umständen auch nach zyklischen Gesichtspunkten. Bei freundlichen Kursen etwas zu verkaufen und nach zyklischen Einbrüchen wieder zu kaufen scheint die einzige Möglichkeit, vielleicht an den Aktien etwas mehr zu gewinnen.

Das alte Mantra, Aktien kaufen und liegen lassen und irgendwann notieren sie höher als jemals zuvor, wird nicht mehr gelten. Generell kann man sagen, dass in diesem Szenario die Ertragserwartung auf mehrere Jahre Sicht bei ungefähr null liegt. Mehr scheint dabei, von möglicherweise leicht steigenden Kursen der US-Staatsanleihen abgesehen, nicht zu erzielen zu sein. Das ist bitter für diejenigen, die auf Erträge aus ihrem Kapital angewiesen sind. Aber, wie von meinem Onkel als Lieblingssatz überliefert ist: „Selbst mit Gewalt kann man keinen Bullen melken." Man kann Kapitalerträge nicht erzwingen. Die Perspektive, auch einmal mehr als den Erwartungswert von null Prozent zu haben, ergibt sich erst, wenn das Szenario einmal wieder grundsätzlich dreht. Das wird nicht so bald der Fall sein. Ab dem Jahr 2020 könnte solch eine grundsätzliche Wende möglich sein. Ich komme später beim Ausblick darauf zurück.

Wie entwickeln sich die einzelnen Finanz-instrumente in einer Rezession?

Die Aktienmärkte erleben in der Regel eine Baisse, die durchaus zwischen 20 und 30 Prozent Kursverlust erreichen kann. Die Kurse erholten sich in der Vergangenheit mit dem erneuten Wirtschaftsaufschwung jedoch schnell wieder. Die Anleihen kann man als die eigentlichen Krisengewinner bezeichnen. Ihre Kurse steigen in einer Rezession an. Erstens weil die Inflationsrate bei abflauender Wirtschaftstätigkeit nachgibt und zweitens weil die Notenbanken versuchen, die Wirtschaft mit billigem Geld wieder anzukurbeln.

Eine normale Rezession wirkt nicht unbedingt förderlich auf die Entwicklung des Goldpreises. Während einer Wirtschaftsabschwächung fallen die Rohstoffpreise. Neben Öl und Kupfer sinken auch andere Metalle, die in der Industrie gebraucht werden, etwa Silber, und ziehen damit den Goldpreis nach unten. Von 1992 bis 1993, vor und während der Rezession, verlor der Goldpreis fast 15 Prozent.

Eine normale Rezession lässt sich an der Aktienbörse noch durchstehen. Nach der von der Zinserhöhung der Deutschen Bundesbank und der anschließenden Währungsturbulenz ausgelösten Wirtschaftsschwäche des Jahres 1992 erreichten die Aktiennotierungen ein halbes Jahr später wieder ihren Vor-Krisen-Stand. Diese Abschwächung im Jahr 1992 fiel allerdings in die Phase der langen Aktienhausse, die von 1990 bis zum Jahr 2000 andauerte. Deshalb kann diese Eintrübung nicht unbedingt als Blaupause für die nächste Rezession herhalten. Die Aktienmärkte befanden sich in dem großen Wirtschaftsboom und der Zinssenkungs-Hausse, die letztlich vom Jahr 1982 bis zum Jahr 2000 andauerte.

Zur Finanzkrise schwillt eine Rezession an, wenn die Banken betroffen sind. Nimmt die Wirtschaftsabschwächung solche Ausmaße an, dass einzelne Firmen in die Insolvenz geraten und ihre Schulden nicht mehr bedienen, können Banken bedroht sein. Die Insolvenz eines Unternehmens wird es wohl nicht schaffen, eine Bank in den Abgrund zu reißen, aber wenn eine ganze Branche von einem Niedergang betroffen ist, beinhaltet dies durchaus das Potenzial, eine Bank in Bedrängnis zu bringen.

Wann entwickelt sich aus einer Rezession eine Finanzkrise?

Die Zahlungsunfähigkeit eines einzelnen Unternehmens kann die Volkswirtschaft relativ problemlos verkraften, aber die Insolvenz einer Bank erschüttert das Finanzsystem bis ins Mark. Welches Ausmaß das annehmen kann, konnte während der Finanzkrise im Jahr 2008 beobachtet werden. Wegen der US-Immobilienkrise saßen manche Institute auf nicht einbringbaren Forderungen, die die Höhe ihres Eigenkapitals überstiegen.

Die Pleite des Finanzinstituts Lehman Brothers reichte aus, um die Wirtschaftstätigkeit fast auf der ganzen Welt zu lähmen. In einzelnen Wirtschaftszweigen brachen die Aufträge um bis zu 40 Prozent ein. Da man in die Bankbilanzen nicht im Detail hineinschauen kann, um zu sehen, wem wie viel Geld anvertraut wurde, und sich Banken auch untereinander Geld leihen, wusste man nicht, wer noch betroffen sein könnte. Dabei hatte es bei der Finanzkrise im Jahr 2008 noch gar keinen „bank run" gegeben. Wenn es bei der neuen Rechtslage, dass im Fall einer Bankenpleite auch Kundeneinlagen betroffen sein können, zu einer Schieflage einer einzelnen Bank kommen sollte, werden vermutlich alle Finanzinstitute gestürmt, weil die Kunden versuchen werden, ihr Geld zu retten. Solch einen „bank run" könnte unser Finanzsystem nicht überleben. Da würde es schon einer Heldentat von Mario Draghi bedürfen, alle Institute mit einer unbegrenzten Liquiditätsgarantie auszustatten. Ob dies die gesetzlichen Rahmenbedingungen hergeben, bleibt fraglich, und ob danach im Zweifelsfall überhaupt gefragt werden würde, ebenfalls.

Kann es auch ohne Rezession zu einer Bankenpleite kommen?

Bisher gestaltete sich der Ablauf immer so: Wegen einer zunehmenden Teuerung stiegen die Zinsen. Daraufhin gerieten Firmen beziehungsweise im Jahr 2008 Immobilienbesitzer in die Zahlungsunfähigkeit. Dann strauchelten die Banken, weil sie ihr verliehenes Geld nicht mehr zurückbekamen. Da bleibt noch der Fall zu diskutieren, ob eine Bank auch ohne vorhergehende Wirtschaftsabschwächung in Bedrängnis kommen kann. Es könnte ja, obwohl die Gesamtwirtschaft sich passabel entwickelt, eine Branche unter einer besonderen Negativkonjunktur leiden.

So stellen zurzeit, im Frühjahr 2016, wegen des gesunkenen Ölpreises etliche kleine Ölförderunternehmen, hauptsächlich in den USA, ihre Zinszahlungen ein. Seltsamerweise gehören gerade europäische Banken zu den Hauptkapitalgebern des amerikanischen Schieferöl-Booms. So haben die größten 20 europäischen Banken etwa 200 Milliarden Dollar an Ölfirmen verliehen. Diese Summe entspricht einem Viertel ihres kombinierten Eigenkapitals. Wenn der Ölpreis nach seiner Erholung von 26 Dollar auf 41 Dollar pro Barrel wieder zurückfallen und dort längere Zeit verharren sollte, könnte ein Finanzinstitut mit einem besonders hohen Anteil an Krediten an die Ölindustrie ins Schlingern geraten. Die 20 größten amerikanischen Banken hingegen haben nur etwa 110 Milliarden Dollar an die Energiefirmen verliehen.

Nicht entsorgte Altlasten können virulent werden

Es können auch schlummernde Zeitbomben plötzlich wieder anfangen zu ticken. Nach Angaben der Londoner Analysefirma Lombard Research müssen 20 Prozent aller von italienischen Banken vergebenen Kredite mittlerweile als „non-performing loans" bezeichnet werden, das heißt, die Zinsen auf diese Kredite werden von den Kreditnehmern nicht mehr bezahlt. Die Summe dieser notleidenden Kredite übersteigt das Eigenkapital der Banken bei Weitem. Die faulen Kredite werden einfach in den Büchern weitergeführt.

Unter normalen Umständen ließe sich dieses Problem vielleicht sogar noch beheben. Wenn eine entsprechende Bank einige Jahre lang gut verdient, kann sie nach und nach die faulen Kredite abschreiben. Doch im gegenwärtigen Nullzinsumfeld bleibt für die Banken kaum eine Marge übrig. Sie können die negativen Zinsen nicht an die Kunden weitergeben. Eine Lösung des Problems steht noch aus. Dass diese Situation jederzeit zu einem Zusammenklappen der italienischen Banken führen kann, heißt nicht, dass sie zwingend morgen in die Insolvenz gehen. Doch sie birgt das Potenzial, bei einer möglichen nächsten Krise zusätzlich für eine Verschärfung zu sorgen.

Worauf muss man nun achten? Was könnte die nächste Krise anzeigen?

Dazu nimmt man den DAX als Barometer. Die Punkte, auf die er sensibel reagiert, müssen als mögliche Gefahrenquellen für die nächste Krise betrachtet werden. Die Asienkrise des Jahres 1998 deutete sich ebenfalls im Vorfeld an. Bereits im Jahr 1997 kam es zu einer kleinen Asienkrise, bei der der DAX nur 20 Prozent verlor, danach aber weiter stieg. Doch damals konnte man schon erkennen, auf was der DAX reagierte. Der zweite Teil der Asienkrise im Jahr 1998 verlief dann deutlich dramatischer und die Kurse stürzten fast 40 Prozent.

Ebenso wird man bei der nächsten kommenden Krise ein kleines Vorbeben oder zumindest eine Reaktionsbereitschaft des DAX auf eine bestimmte Nachrichtenlage erkennen können. Zu diesen Sensibilitäten zählen folgende Gelegenheiten der letzten Monate: Der DAX reagierte sehr empfindlich, als im August des Jahres 2015 die chinesische Währung nur wenige Cent gegen den Dollar fiel. Alle Nachrichten, die aus China kommen und die chinesische Währung unter Druck bringen könnten, bergen das Potenzial für eine Störung im wirtschaftlichen Ablauf. Sonst hätte der DAX nicht mit solchen drastischen Kursverlusten auf diese eigentliche Lappalie reagiert. Ebenfalls empfänglich zeigte sich der DAX für eine Veränderung des Ölpreises. Obwohl früher ein sinkender Ölpreis immer als gut für die Börse galt und ein steigender für schlecht befunden wurde, tauchte der DAX in den ersten Wochen des Jahres 2016 jeweils parallel zum Ölpreis ab. Offensichtlich hat der Ölpreis einen wunden Punkt beim DAX angeschlagen.

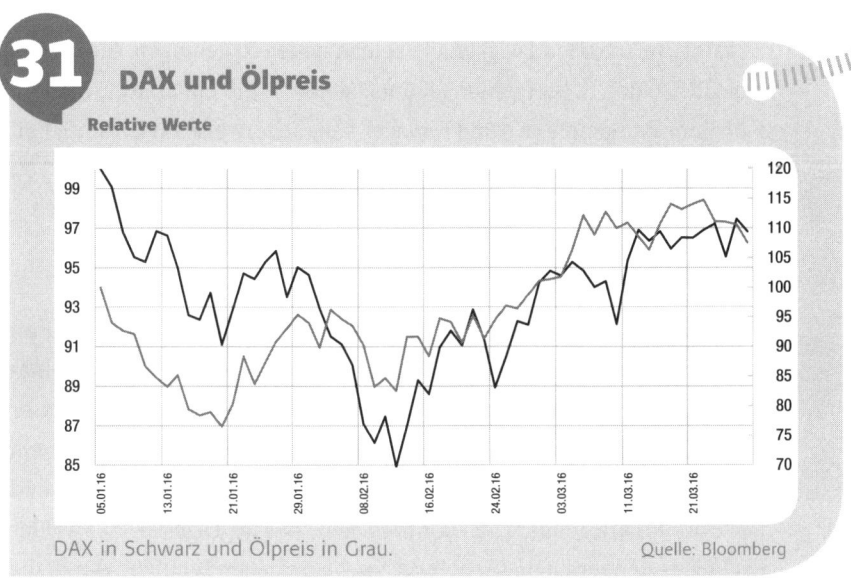

DAX in Schwarz und Ölpreis in Grau.　　　　Quelle: Bloomberg

Da ein niedriger Ölpreis normalerweise als konjunkturförderlich angesehen wird, muss dabei ein anderer Aspekt des Öls in den Vordergrund getreten sein. Es wird sich dabei wohl tatsächlich um die Kredite der europäischen Banken an die Ölgesellschaften handeln. Insofern muss in Zukunft auf den Ölpreis geachtet werden. Auch ein wieder fallender Ölpreis kann zu einer Krise führen. Möglicherweise berühren diese beiden Nachrichten, auf die der DAX in den letzten Monaten empfindlich reagiert hat – eine mögliche Wirtschaftsabschwächung in China und ein fallender Ölpreis –, den gleichen wunden Punkt. Der DAX hat offensichtlich Angst vor dem schon angesprochenen Szenario der Rezession ohne Grund.

Auf alles, was ein kommendes Abdriften der Wachstumsraten ins Minus anzeigen könnte, reagiert der DAX mit Panik. Sowohl der Fall des chinesischen Renminbi als auch der Sturz des Ölpreises können als Vorboten einer Wirtschaftsabschwächung gedeutet werden. Die Panik ist berechtigt, denn dieses Mal droht nicht nur eine einfache Rezession, sondern eine Dauerrezession, weil die Notenbanken nicht mehr mit sinkenden Zinsen gegensteuern können.

Krisenverschärfend wirken die beiden neuen Regelungen, die im Fall einer Krise den Steuerzahler schonen sollen. Weiß ein Sparer, dass im Fall einer Bankenpleite seine Einlagen möglicherweise futsch sind, holt er sein Geld schon beim geringsten Zweifel von der Bank.

Terroranschläge lassen den DAX kalt

Der DAX hat also in den letzten Monaten deutlich gezeigt, was ihm Sorgen bereitet. Die Furcht, dass es durch eine Reihe von Terroranschlägen zu einer Wirtschaftsabschwächung kommen könnte, scheint er hingegen nicht zu teilen. Es sind nach den schrecklichen Attentaten von Brüssel vom 22. März des Jahres 2016 die Kurse zwar vorübergehend fast 200 Punkte gefallen, sie konnten sich aber im Tagesverlauf wieder ins Plus retten. Auch der Abschuss eines russischen Bombers durch die Türkei beunruhigte die Börsianer nur kurz. Am Dienstag, dem 24. November, stürzte der DAX auf die Nachricht des Absturzes hin zunächst einmal 250 Punkte ab, konnte sich aber 100 Punkte davon im Tagesverlauf wieder zurückholen. Am Mittwoch gewann er anschließend über 150 Punkte dazu und schloss damit höher als vor dem Zwischenfall im syrisch-türkischen Grenzgebiet. Bei beiden Gelegenheiten hätte es genügend Gründe für einen längerfristigen Einbruch der Aktienkurse gegeben.

Die Angst vor weiteren Anschlägen könnte in Europa zu Kaufzurückhaltung und damit zu Umsatzrückgängen der Unternehmen führen. Auch der Konflikt zwischen Russland und der Türkei kann nicht als harmlos eingestuft werden. Wenn es zu einer kriegerischen Auseinandersetzung zwischen der Türkei und Russland käme und die Türkei als NATO-Mitglied den Bündnisfall ausriefe, befänden wir uns im Krieg mit Russland. Keine schöne Aussicht. Doch den DAX interessiert das alles nicht.

Der Krieg in Ruanda beispielsweise, bei dem über eine Million Menschen starben, so schrecklich er auch war, konnte den DAX nicht im Geringsten beeinträchtigen. Andererseits riss die Besetzung Kuwaits durch Saddam Hussein im Jahr 1990 den DAX 30 Prozent in die Tiefe. Eine Unterbrechung der Ölzufuhr wurde befürchtet und der Ölpreis verdoppelte sich auf über 40 Dollar pro Barrel. Die Aussicht auf eine steigende Inflationsrate und damit steigende Zinsen durch den hohen Ölpreis zwang den DAX in die Knie.

Auch die anderen Krisen, die ich in den letzten Jahrzehnten miterlebt habe, folgten diesem Muster. Der Falkland-Krieg etwa, bei dem die Argentinier britische Inseln besetzt hatten, die die Briten im Anschluss zurückeroberten, hatte keinen Einfluss auf die Aktienkursentwicklung. Der Nahost-Krieg des Jahres 1973 dagegen drohte die Ölversorgung des Westens lahmzulegen. Er führte fast zu einer Kurshalbierung. Der steigende Ölpreis sorgte für anwachsende Inflationsraten und diese wiederum für kletternde Zinsen, die den DAX unter Druck brachten.

Der DAX beurteilt nicht, ob eine Krise eine menschliche Katastrophe darstellt. Er zeigt keinerlei Mitleid. Er bewertet fast ausschließlich, ob von der Krise eine steigende Inflationsrate ausgeht oder nicht. Deshalb wird die Börse oft von vielen außenstehenden Beobachtern als herzlos eingestuft. Das stimmt. Sie ist herzlos. Sie ist der falsche Ort, wenn man auf der Suche nach Anteilnahme oder Verständnis ist. Sie ist einfach nur eine Form der Geldanlage. Mehr darf man in sie im Fall einer Krise nicht hineininterpretieren.

Wie sieht es mit den Finanzinstrumenten bei einer echten Krise aus?

Eine echte „Sicherer Hafen"-Qualität bietet eigentlich nur eine amerikanische Staatsanleihe oder eine deutsche Bundesanleihe. Nur sie können garantieren, dass man sein Geld eines Tages zu 100 zurückbekommt. Das einzige Risiko, das mit dem Kauf einer Staatsanleihe einhergeht – neben einer möglichen ungünstigen Dollarkursentwicklung bei dem US-Bond –, ist der Kaufkraftverlust. Die Inflationsrate kann in den beispielsweise zehn Jahren, die die Anleihe läuft, deutlich ansteigen. Wenn man die Anleihe zehn Jahre hält, wird sie zwar zu 100 zurückgezahlt, aber man weiß heute noch nicht, ob man mit dem Geld später noch gleich viel kaufen kann. Auch wenn die Anleihe bei der Endfälligkeit wieder bei 100 notiert, kann sie doch während der Laufzeit deutlich darunter notieren, wenn in der Zwischenzeit wegen einer kletternden Teuerungsrate die Anleiherendite steigt. Welche Entwicklungen sind vorstellbar, die die Inflationsrate in den nächsten drei Jahren deutlich nach oben bringen könnten?

Offensichtlich nicht viele, sonst wäre Mario Draghi schon darauf gekommen. Möglich scheint ein externer Schock, der die Ölversorgung unterbricht. Ein daraufhin wieder auf 150 Dollar pro Barrel explodierender Ölpreis könnte die Teuerungsrate kurzfristig deutlich anheben. Da gleichzeitig aber solch ein Ölpreis-Schock die weltweite Wirtschaftstätigkeit lähmt und es dabei eher zu einer Flucht in die Sicherheit, also in die Anleihen, kommen könnte, müssen die Kurse der Staatspapiere nicht zwingend darunter leiden. In jedem Fall bekommt man eine Staatsanleihe eines Tages zu 100 zurück und damit unterscheidet sie sich von den anderen Finanzinstrumenten wie Gold oder Aktien.

Nicht immer wird Gold seinem Ruf als Krisenmetall gerecht

Dass Gold in jeder Krise ein sinnvolles Investment ist, kann man nicht vorbehaltlos unterschreiben. Es gab Krisen, in denen der Goldpreis stieg, und andere, in denen er fiel. Während des Oktober-Crashs 1987 gab er ebenso nach wie während der Rezession im Jahr 1992 oder der Finanzkrise im Jahr 2008. Es hängt immer davon ab, was der Dollar macht. Wie wirkt die Krise auf den Dollarkurs? Der Goldpreis entwickelt sich dann invers zum Dollar. Bei manchen Krisen bedeutet Flucht in die Sicherheit auch Flucht in den Dollar, wovon dann Gold nicht profitiert, sondern im Gegenteil der Goldpreis darunter leidet. Die Krisen, für die der DAX im Moment empfänglich scheint, beflügeln allerdings eher den Goldpreis. Der Mini-China-Crash vom 10. August bis zum 24. August 2015 trieb den Goldpreis acht Prozent in die Höhe. Während des nächsten Einbruchs im Januar und Februar des Jahres 2016, bei dem der DAX 20 Prozent verlor, konnte der Goldpreis 14 Prozent gewinnen. Gold scheint damit im Moment im Hinblick auf eine mögliche erneute Krise ein sinnvolles Investment zu sein.

Ferner können bei einer erneuten Krise vermutlich Europa und der Euro besonders betroffen sein. Wegen der möglichen Mithaftung der Spareinlagen und Kontoguthaben ergibt das unter Umständen eine Flucht in Werte, die man anfassen und im Tresor verstecken kann. Als die Eurokrise im Jahr 2011 aufflammte und die gemeinsame Währung wegen der Schuldensituation von Griechenland und anderer peripherer Staaten auseinanderzubrechen drohte, schoss der Goldpreis 20 Prozent in die Höhe.

Aktien sind in einer Krise die Verlierer schlechthin

Obwohl das auf den ersten Blick gar nicht gerechtfertigt scheint, da sie sich ja, egal welche Krise, eines Tages wieder erholen. Auch in 20 Jahren wird Daimler Autos bauen und Bayer Medikamente produzieren. Insofern könnte man meinen, dass eine Krise den Aktien keinen dauerhaften Schaden zufügen wird. Große deutsche Werte haben sogar anders als Anleihen des Deutschen Reiches, die 20 zu 1 abgewertet wurden, den Zweiten Weltkrieg überlebt und stiegen danach höher als jemals zuvor.

Trotz dieser vermeintlichen langfristigen Sicherheit fallen als Erstes die Aktien, egal welche Krise kommt. Bei einer leichten Rezession können sie 20 bis 30 Prozent fallen. Wenn dank der Kombination hoher Schulden und einer schlechten Wirtschaftstätigkeit mehrere Kreditnehmer nicht mehr zahlen können, sind auch 50 Prozent, wie während der

Finanzkrise im Jahr 2008, oder mehr möglich. Wichtig ist deshalb, im Vorfeld einer möglichen Krise nicht mit irgendeinem Finanzprodukt in den Keller zu fahren. Für den Normalfall einer Krise ist man mit Bargeld auf dem Konto bestens positioniert.

Alle weiteren Verschärfungen einer Krise, die es notwendig erscheinen lassen würden, Sichtguthaben bei einer Bank in Sicherheit zu bringen, entwickeln sich langsam. Es wird nicht über Nacht geschehen. Dem müssen vorher Turbulenzen an den Finanzmärkten vorausgehen, Krisensitzungen und so weiter. Für die normale Krise reicht Geld bar auf dem Konto vollkommen aus. Falls sich eine Krise dann weiter zuspitzt, ist immer noch Zeit, das Geld in eine Bundesanleihe zu investieren und auf ein Konto der Finanzagentur zu übertragen oder zu einem großen Goldhändler, um dort Goldbarren einlagern zu lassen.

Arbeitslosenquote und Wirtschaftswachstum in Deutschland

in Prozent

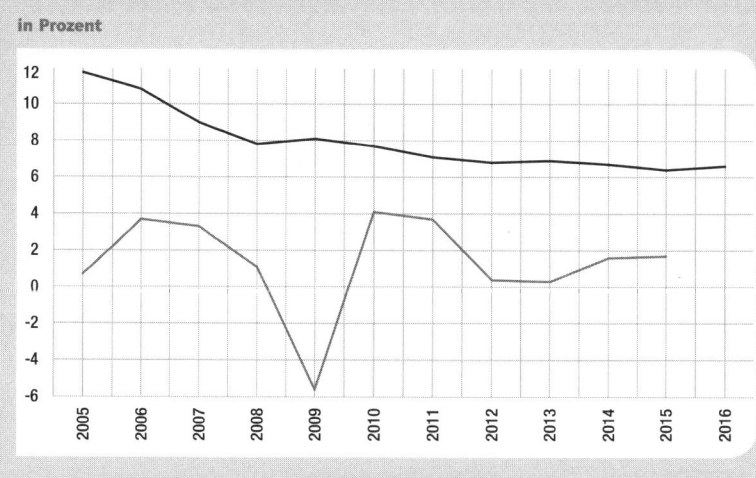

Arbeitslosenquote in Schwarz und Wirtschaftswachstum in Grau. Quelle: Statista

Die Arbeitslosenquote in Deutschland hat sich in zehn Jahren von zwölf Prozent auf knapp über sechs Prozent fast halbiert. Hätte Deutschland in diesen Jahren einen gigantischen Boom erlebt, könnte man diese große Zunahme an Beschäftigung ja verstehen. Doch im Mittel wuchs die Wirtschaft in dieser Zeit nur 0,6 Prozent pro Jahr.

Das Rätsel der fehlenden Produktivität

Die Vielzahl an neuen Arbeitsplätzen trotz des verschwindend geringen Wirtschaftswachstums lässt sich mit dem rätselhaften Verschwinden des Produktivitätswachstums erklären.

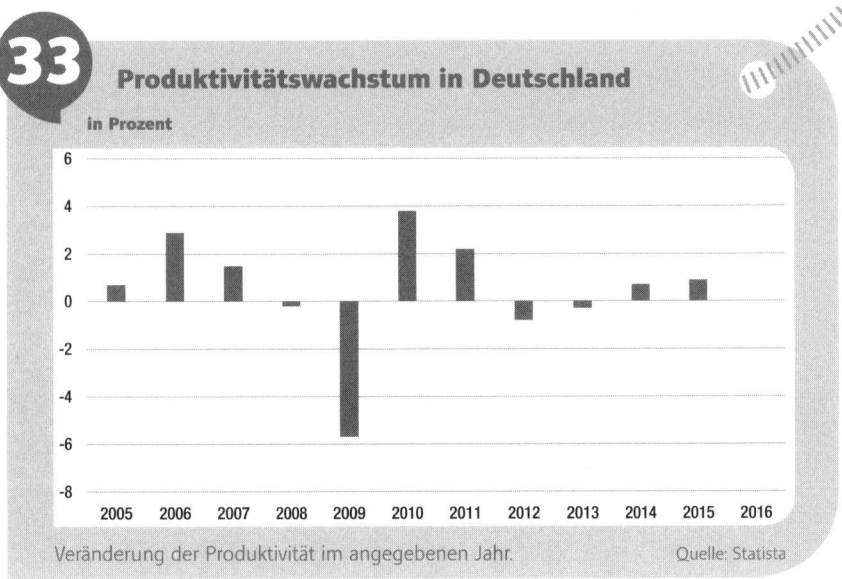

in Prozent

| 2005 | 2006 | 2007 | 2008 | 2009 | 2010 | 2011 | 2012 | 2013 | 2014 | 2015 | 2016 |

Veränderung der Produktivität im angegebenen Jahr.

Quelle: Statista

Die Produktivität wird berechnet, indem die preisbereinigte Bruttowertschöpfung durch die Anzahl der Erwerbstätigenstunden geteilt wird. Seit dem Jahr 2005 wuchs die Produktivität nur noch um 0,5 Prozent pro Jahr. In den 100 Jahren zuvor nahm sie im Mittel zwei Prozent pro Jahr zu. Es galt als ehernes Gesetz, dass sich im Mittel der Jahrzehnte Produkte zwei Prozent pro Jahr billiger herstellen lassen können. Wohlstand und Wachstum entstehen nur, wenn die gleichen Dinge nach und nach in immer kürzerer Zeit von immer weniger Menschen hergestellt werden können.

Deshalb lag auch der Realzins in den letzten Jahrzehnten bei diesen zwei Prozentpunkten. Dies entsprach dem Zuwachs der Bruttowertschöpfung, der dann als Zins verteilt werden konnte. Auch in das Wachstum der Aktienkurse findet diese Größe Eingang. Von den 5,7 Prozent, die der DAX seit 1962 gestiegen ist, gehen 2,8 Prozent auf die Inflationsrate, 0,9 Prozent auf die gesunkenen Zinsen zurück, was ebenfalls kurstreibend wirkt, und die restlichen zwei Prozent entsprechen dem Produktivitätswachstum. Nun ist dies in den letzten Jahren vollkommen abhandengekommen. Vom Jahr 2009 bis zum Jahr 2015 sank die Produktivität sogar um 0,16 Prozent pro Jahr.

Stimmt die Inflationsberechnung nicht?

Viele Überlegungen wurden angestellt, wohin das Produktivitätswachstum verschwunden sein könnte. Einen Punkt habe ich bereits angesprochen. Es besteht die Möglichkeit, dass die Inflationsrate falsch berechnet wird. Eventuell überzeichnet sie die wahre Teuerung, weil Qualitätsverbesserungen und das Volumen der in Anspruch genommenen Dienstleistungen nicht genügend berücksichtigt werden. Was hätte ein durchschnittlicher Smartphone-Nutzer für das heutige Datenvolumen vor 15 Jahren bezahlen müssen? Mit einer „echten" niedrigeren Teuerung wäre das preisbereinigte Produktionswachstum wesentlich höher.

Oder lenkt das Smartphone von der Arbeit ab?

Eine andere Möglichkeit, die von einem amerikanischen Wirtschaftsnobelpreisträger in die Diskussion gebracht wurde, besagt, dass das Smartphone nicht die Produktivität erhöht. Man könnte ja denken, dass sich durch die drahtlose Kommunikation und den unmittelbaren Informationsabruf viele Arbeitsabläufe schneller und kostengünstiger bewerkstelligen lassen. Die Terminabsprachen mit Handwerkern, die Verfügbarkeitsprüfung von Ersatzteilen und so weiter lassen sich damit effektiver gestalten.

Dennoch ist das Gegenteil eingetreten. Der Nobelpreisträger vertritt die Meinung, dass die Menschen mit den Smartphones die Zeit vertrödeln und sie so von der Arbeit abgehalten werden. Statt produktiv oder schöpferisch tätig zu sein, wird in den sozialen Medien herumgestöbert und die neuesten Familienfotos werden per WhatsApp verschickt. Jahrzehntelang gingen die Unfallzahlen im Straßenverkehr zurück, doch seit einigen Jahren steigen sie wieder an. Auch dies wird auf die Beschäftigung mit dem Smartphone während der Fahrt zurückgeführt.

Warum auch immer, die Tatsache bleibt, das Produktivitätswachstum tendiert gegen null.

In wenigen Jahren gehen uns die Arbeitskräfte aus

Eine Arbeitslosenquote von unter fünf Prozent wird schon als inflationstreibend bewertet. Im Allgemeinen gilt eine Rate von fünf Prozent als Vollbeschäftigung. 100 Prozent der arbeitsfähigen Menschen können in der Regel nicht beschäftigt sein. Die geforderten und angebotenen Qualifikationen decken sich häufig nicht, außerdem werden Arbeitskräfte in anderen Gegenden gesucht, als sie zur Verfügung stehen. Durch die natürliche Fluktuation – Menschen wechseln auch einmal ihren Arbeitsplatz – können nicht dauernd alle Menschen beschäftigt sein. Unter einer Arbeitslosenquote von fünf Prozent kommt es bereits in einigen Branchen oder in bestimmten Gegenden zu Arbeitskräftemangel. Dies führt zu höheren Löhnen, um die Arbeitskräfte anzulocken, und schließlich zu anziehenden Preisen.

Schon allein wegen der weiter sinkenden Arbeitslosenrate kann es bereits in wenigen Jahren zu steigenden Löhnen und damit steigenden Preisen in Deutschland kommen. Daran werden auch Importe aus China nicht viel ändern können. Es kämpfen auch andere Länder, etwa China, mit der Demografie und dadurch mit steigenden Löhnen. In China nimmt die Zahl der Menschen im arbeitsfähigen Alter bereits ab. Außerdem kann der immer größer werdende Dienstleistungssektor nicht von China aus bedient werden.

Es können auch wieder Zeiten kommen, in denen Öl und Kupfer teurer werden

Zurzeit scheinen alle Rohstoffe im Überfluss vorhanden zu sein. Die Welt ertrinkt im Öl. Von knapp 150 Dollar pro Barrel sank der Preis des immer noch unverzichtbaren Treibstoffs auf 26 Dollar zurück. Die mittlerweile bekannten förderbaren Reserven übertreffen alle Schätzungen der

Vergangenheit. Die Preise für Kupfer und Eisenerz sind ebenfalls zusammengebrochen, weil mehr gefördert als verbraucht wird.

Können Sie sich noch an die Prognosen des „Club of Rome" erinnern? Im Jahr 1974 prophezeite er das Ende des Wachstums. Die Ressourcen seien endlich und deshalb werde die Welt bald im Elend versinken, wenn sie nicht umsteuert. Das Handicap des „Club of Rome" bestand darin, dass er nicht aus Experten bestand. Eine Truppe von halbwegs Prominenten ohne Sachkenntnis fühlte sich berufen, die Welt zu retten. Dennoch trafen sie mit ihren Thesen offenbar den Zeitgeist. In den Jahren, in denen diese Theorie populär wurde, stiegen tatsächlich die Rohstoffpreise. Der Ölpreis verteuerte sich nach zwei Nahostkriegen und eine weltweite Inflationswelle ließ auch die Preise anderer Rohstoffe steigen. So fielen diese Untergangsthesen auf fruchtbaren Boden. Doch die steigenden Preise damals signalisierten nicht eine Verknappung und Endlichkeit der Ressourcen, sondern beruhten wahrscheinlich auf einem ganz großen Schweinezyklus.

DER GROSSE SCHWEINEZYKLUS

Als Schweinezyklus wird in der Wirtschaftswissenschaft das regelmäßige Auf und Ab der Preise bezeichnet, das darauf beruht, dass höhere Preise mit einer Zeitverzögerung zu einem höheren Angebot und das wiederum zu sinkenden Preisen führt. Das Beispiel, das dafür immer herangezogen wird, kommt aus dem Agrarsektor. Steigt der Preis für Schweinefleisch, lohnt sich für den Bauern die Ferkelaufzucht. Es wird Geld in Mais investiert, um die Frischlinge zu füttern. Da nicht nur ein Bauer so denkt, sondern viele von dem hohen Preis verführt werden, wachsen viele kleine Schweinchen heran. Wenn die dann groß sind und ihrem traurigen Ende entgegensehen, haben sie mittlerweile so viele Leidensgenossen, dass der Preis für Schweinefleisch sinkt und sich die Aufzucht von Ferkeln nicht mehr lohnt. Dadurch verknappt sich nach einer Weile das Angebot und alles geht wieder von vorn los.

Möglicherweise existiert solch ein Schweinezyklus auch bei den Rohstoffen

Bei einem hohen Ölpreis lohnt sich die Erschließung von Lagerstätten in schwer zugänglichen Weltgegenden. Der Anstieg des Ölpreises auf nahezu 40 Dollar pro Fass gegen Ende der Siebzigerjahre, der den „Club of Rome" zu seiner Untergangsfantasie anregte, sorgte dafür, dass sich die Ölförderung aus Tiefsee-Lagerstätten lohnte. So wurde der gesamte Meeresboden unter dem Golf von Mexiko angebohrt. Der Nordseegrund zwischen Schottland und Norwegen wurde durchlöchert wie ein Schweizer Käse. Die dabei ans Tageslicht tretenden Ölmengen reichten aus, den Ölpreis 20 Jahre lang tendenziell fallen zu lassen. Bei Preisen von zwölf Dollar pro Barrel im Jahr 1998 schien es dagegen nicht sonderlich lukrativ, viel in die Erschließung neuer Lagerstätten zu investieren.

Nachdem in den ersten Jahren des neuen Jahrhunderts die aus den Lagerstätten von der Nordsee und dem Golf von Mexiko sprudelnden Ölfontänen immer spärlicher wurden und wegen des niedrigen Preises wenig neue Projekte angefangen worden waren, kletterte der Ölpreis zunächst auf 50, dann auf über 100 Dollar pro Fass. Plötzlich hieß es, dass es bald kein Öl mehr gibt. Von Peak-Oil war die Rede. Der Ölpreis schoss auf fast 150 Dollar pro Barrel, seinen bisherigen historischen Höchstwert, hinauf. Doch wie im typischen Schweinezyklus – wenn durch hohe Fleischpreise die Aufzucht angekurbelt wird – sorgte der hohe Preis für viele neue Projekte.

Der Preis steuert das Angebot mit einer zeitlichen Verzögerung

Royal Dutch Shell begann in der Arktis zu bohren, in Kanada wurden mit großem Aufwand Ölsande extrahiert und mit Fracking, dem Einblasen von Sand und Chemikalien, wurde versucht, den letzten Rest aus den Lagerstätten herauszuquetschen. Als am erfolgreichsten erwies sich schließlich die Methode des horizontalen Anbohrens von Lagerstätten. Mit diesem „horizontal drilling" konnten kleine versteckte Ölblasen um drei Ecken herum angezapft werden. Diese großen Investitionen aufgrund des hohen Ölpreises sorgten wie beim Vorbild im Schweinezyklus für einen Zusammenbruch des Preises. Anfang des Jahres 2016 kostete ein Barrel nur noch 26 Dollar.

Die Weltwirtschaft schwingt im Rhythmus des großen Ölzyklus

Das Interessante daran ist, dass nach dem Rhythmus dieses großen Schweinezyklus beim Öl, dem Ölzyklus, die Weltwirtschaft der letzten 50 Jahre tanzte. Fast alle wirtschaftlichen Entwicklungen und Kursveränderungen an den Anleihe- und Aktienmärkten kann man dieser Deutung des Ölzyklus unterwerfen. Wegen des steigenden Ölpreises kletterten von 1960 bis 1980 die Inflationszahlen. Die höheren Teuerungsraten ließen die Anleiherenditen, die sich ja im Mittel in einem 2-Punkte-Abstand bewegen, ebenfalls klettern. Die dazugehörigen bereits emittierten Anleihen verloren dadurch dramatisch an Wert. Die Aktien, die empfindlich auf steigende Zinsen reagieren, konnten folglich von 1960 bis 1980 keinen Boden gutmachen.

Im Zuge des dann ab 1980 wieder reichlich sprudelnden Öls, der damit nachgebenden Ölpreise, der fallenden Inflationsraten und steigenden Anleihekurse konnten die Aktien 20 Jahre haussieren. Das ab dem Jahr 2000 wieder knapper werdende Öl verkehrte diesen Vorgang wieder ins Gegenteil. Der Ölpreis stieg und die Zinsen konnten nicht weiter fallen, im Gegenteil: Die amerikanische Notenbank erhöhte den Satz wegen der steigenden Teuerung von einem Prozent auf über fünf Prozent. Der DAX konnte vom Jahr 2000 bis zum Jahr 2011 keinen Zuwachs verzeichnen, im Gegenteil ging es hauptsächlich bergab. Die nach dem Jahr 2011 wieder nachgebenden Rohstoffpreise drückten die Zinsen und beflügelten die Aktienkurse bis zum Jahr 2015.

Vielleicht gehen die ganzen Kursbewegungen am Anleihemarkt, dem Aktienmarkt und den Rohstoffmärkten, die ich seit 40 Jahren beobachte, einfach auf den ganz großen Schweinezyklus, den Ölzyklus, zurück.

Die zurzeit niedrigen Ölpreise werden in der Zukunft unweigerlich zu einer Ölkrise führen

Jedenfalls haben die niedrigen Preise von bis zu 26 Dollar pro Barrel zu Anfang des Jahres 2016 den Samen für wieder deutlich höhere Ölpreise in der etwas ferneren Zukunft gelegt. Bei diesen niedrigen Preisen wurden viele Projekte auf Eis gelegt. Im wahrsten Sinne des Wortes hat Royal Dutch Shell seine Bohrungen in der Arktis komplett eingefroren und beabsichtigt nicht, sie wieder aufzutauen. Ölsand-Projekte werden nicht mehr angegangen, weil sie sich bei diesem Preis nicht mehr rechnen. Die fünf großen Ölfirmen haben ein Viertel ihrer geplanten Projekte gestrichen, um Geld zu sparen.

Bereits im Jahr 2014 konnten die fünf „Majors" nur 84 Prozent dessen, was sie in dem Jahr förderten, an neuen Reserven finden. Für 2015 liegen noch keine Zahlen vor, doch dieses „reserve replacement ratio" soll weiter drastisch gesunken sein. Auch in Russland wurden die Investitionen in die Öl-Infrastruktur wegen der fehlenden Einnahmen deutlich zusammengestrichen. Ohnehin kämpft Russland mit dem drohenden Ende seiner Ölquellen. Im Laufe der Lebenszeit einer Ölquelle nimmt ihre Ergiebigkeit stetig ab. Wenn nicht laufend neu investiert wird, fördert jede Ölquelle im Mittel pro Jahr vier Prozent weniger als im Jahr zuvor.

Nach den niedrigen Ölpreisen der letzten Zeit und den damit gekürzten Investitionen in neue Vorkommen kann man die nächste Ölkrise in spätestens zehn Jahren so sicher prophezeien wie das Amen in der Kirche. Bei anderen Rohstoffen scheint es genauso zu sein. Auch beim Gold gehen die zu diesem Preis förderbaren Reserven dramatisch zurück. In den nächsten vier Jahren soll die weltweite Goldförderung angeblich um ein Fünftel sinken. Um Lagerstätten mit einem niedrigeren Goldgehalt profitabel ausbeuten zu können, müsste der Goldpreis wesentlich höher notieren. Auch beim Kupfer wird der momentan tiefe Preis in wenigen Jahren zu einem Mangel führen. Beim Kupfer scheint die Situation am angespanntesten zu sein. Der Chefgeologe des weltweit zweitgrößten Rohstoffkonzerns BHP vertritt die Meinung, dass von allen

Rohstoffen Kupfer als erster zur Neige gehen wird, nicht weil man dann keins mehr findet, sondern weil dann effektiv keins mehr da ist. Es ist bei dem momentanen Überfluss heute kaum vorstellbar, aber die nächste Rohstoffkrise ist bereits in den Karten.

So könnte ein Zusammenfließen der beiden Faktoren, auf der einen Seite die Demografie, das fehlende Produktivitätswachstum und damit der Arbeitskräftemangel und auf der anderen Seite eine beginnende Aufwärtsbewegung bei den Rohstoffen, die Inflationsrate schon in wenigen Jahren langsam wieder in die Höhe treiben. Dieses Szenario würde sich mit den im nächsten Jahrzehnt wieder steigenden Anleiherenditen decken, die die Sinusannäherung der US-Treasuries vorhersieht.

Eine solche Verkehrung des Szenarios ins Gegenteil, die schon in wenigen Jahren passieren könnte, würde dem Anleger wieder Chancen bieten, die im Moment nicht zur Verfügung stehen. Gigantische Rohstoffkonzerne wie BHP, der zweitgrößte Kupferkonzern der Welt, könnten zu neuem Leben erwachen.

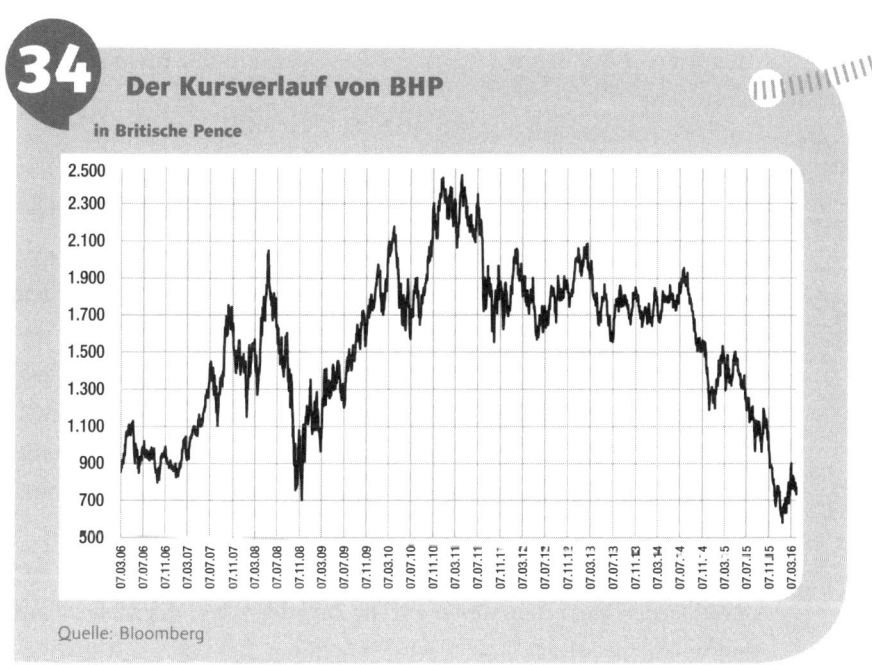

34 **Der Kursverlauf von BHP**

in Britische Pence

Quelle: Bloomberg

Auch Anglo American mit seinen zur De Beers Group gehörenden Diamantenvorkommen könnte wieder gefragt sein. Vom Jahr 2011 bis zum Jahr 2016 haben sich die Aktien im Tiefpunkt fast gezehntelt.

35 Der Kursverlauf von Anglo American

in Britische Pence

Quelle: Bloomberg

Die großen Ölfirmen würden von einem solchen vermuteten Wiederanstieg der Inflationsraten und Rohstoffpreise profitieren können. Man könnte jedoch einwenden, dass das Carbon-Zeitalter aus Gründen des Klimaschutzes zu Ende gehen wird. So schön es wäre, wenn die Menschheit sich in absehbarer Zeit mit Wind und Sonne versorgen könnte, so unrealistisch ist es letztlich. Selbst bei den optimistischsten Prognosen zum Ausbau der erneuerbaren Energien steigt der Verbrauch von fossilen Energieträgern in den nächsten Jahrzehnten weiter deutlich an.

Die Menschheit wächst in den nächsten 20 Jahren von jetzt 7,4 auf 8,8 Milliarden Menschen weiter an. Die Zahl der Autos, die weltweit auf den Straßen unterwegs sind, wird sich in dieser Zeit von 1,2 Milliarden auf 2,4 Milliarden verdoppeln. In den Entwicklungsländern in Asien und Afrika hat die Motorisierung gerade erst begonnen. Es ist wenig wahrscheinlich, dass dort Elektroautos als Erstes verkauft werden. Der Öl-Multi BP gibt jedes Jahr einen realistischen Ausblick darauf, wie sich der Energieverbrauch der Menschheit in den nächsten zwei Jahrzehnten vermutlich entwickeln wird. Dieser BP Energy Outlook, den man sich auf der Website von BP herunterladen kann, geht im Basisszenario davon aus, dass sich der weltweite Verbrauch von Öl und Gas ein Prozent pro Jahr steigern wird. Der Anteil der erneuerbaren Energien inklusive der nachwachsenden Rohstoffe wird bis dahin auf acht Prozent des Weltenergieverbrauchs angewachsen sein.

Eine Zukunft ohne Kohlenstoff scheint in den nächsten 20 Jahren unrealistisch zu sein. Es wäre schon viel gewonnen, wenn die Kohle als Hauptenergieträger bei der Stromerzeugung durch Gas abgelöst werden könnte. Dies würde den CO_2-Ausstoß um 30 Prozent verringern. So bringt es der Umwelt im Moment noch nichts, ein Elektroauto zu kaufen. Der pro gefahrenen Kilometer verbrauchte Strom hat bei seiner Herstellung in Deutschland so viel CO_2 produziert, wie ein Benziner auf der gleichen Strecke aus dem Auspuff bläst. Der große Anteil an verfeuerter Kohle bei der Stromerzeugung in Deutschland zeichnet dafür verantwortlich. Auch andere Schadstoffe wie die gefährlichen Stickoxide treten bei der Kohleverstromung in deutlich größeren Mengen aus als beim Benzinmotor.

In anderen Weltgegenden ist das Verhältnis sogar noch ungünstiger. Wer sich beispielsweise in Hongkong einen Tesla kauft, erzeugt bei der Fahrt 20 Prozent mehr CO_2 als mit einem vergleichbaren Benziner. Die Firma Royal Dutch Shell bestreitet mittlerweile fast die Hälfte ihres Umsatzes mit Gas. Dort, wo das Gas die Kohle zur Stromerzeugung ersetzt, trägt dieser Einsatz zur Reduzierung des CO_2-Ausstoßes bei. Doch auch ohne auf Kohlenwasserstoffe zu setzen, gibt es neben den oben schon erwähnten Metallfirmen BHP, Anglo American oder auch Rio Tinto viele Finanzinstrumente, mit denen man auf eine Reinflationierung setzen kann.

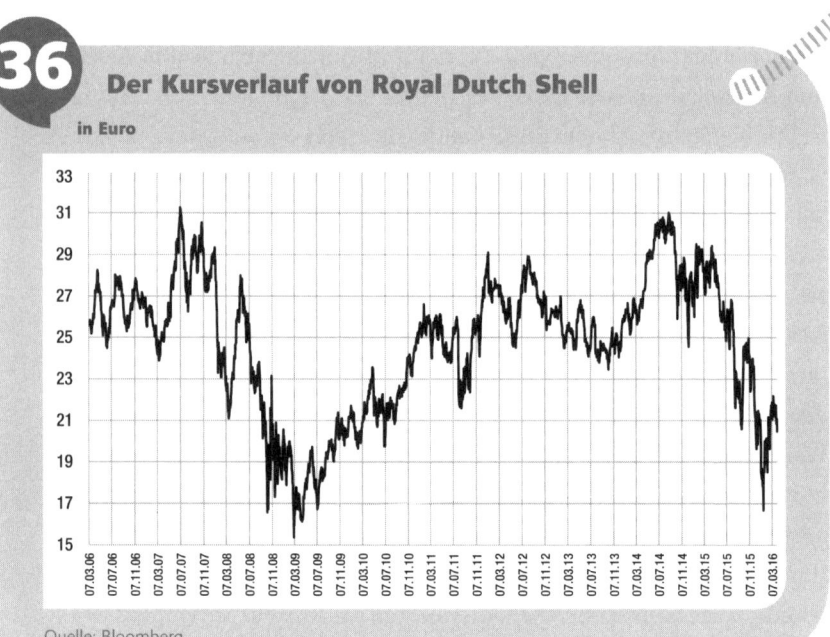

36 Der Kursverlauf von Royal Dutch Shell

in Euro

Quelle: Bloomberg

Es scheint in nächster Zeit hauptsächlich wichtig zu sein, kein Geld zu verlieren, bis das Szenario dreht und sich ins Gegenteil verkehrt, in steigende Inflationsraten, Rohstoffpreise und Zinsen. Dann eröffnet sich eine Vielzahl von Möglichkeiten für große Gewinne. Doch so weit ist es noch nicht. Insofern wird man vermutlich nicht viel verpassen, wenn man in der nächsten Zeit einmal einfach gar nichts macht und das Geld auf dem Konto lässt. Es ist schon schwer genug, sich an die Vorstellung von fehlenden Kapitalerträgen in der nächsten Zeit zu gewöhnen.

Was viele aber doch zu riskantem Verhalten drängt, ist der Glaube, andere würden höhere Kapitalerträge oder höhere Zinsen erzielen. Man hört oder liest von Angeboten mit fünf Prozent oder acht Prozent oder von Gewinnen, die jemand anderes eingestrichen hat. Ich kann Ihnen versichern, niemand bekommt ohne eine unverschämte Portion Glück auf Dauer fünf oder acht Prozent Zinsen. Der eine vielleicht mal, die andere nicht, das mittelt sich aus. Man kann den Markt nicht überlisten.

Der Erwartungswert liegt bei den 0,3 Prozent pro Jahr, die es für eine deutsche Bundesanleihe gibt.

Geld auf dem Konto ist also kein Fehler

Damit ist man auch schon gewappnet für die erste Stufe einer möglichen Krise, die auch ohne steigende Zinsen auftreten kann. Staatsanleihen – deutsche und amerikanische – bilden ebenfalls eine sinnvolle Anlage, auch im Hinblick auf ungünstige Entwicklungen wirtschaftlicher Art. Ohne einen richtigen Katalysator, der unser Finanzsystem infrage stellt, wird der Goldpreis zunächst wohl noch nicht zu einem Höhenflug ansetzen. Gold scheint aber nach dem Rückgang seit dem Jahr 2011 ebenfalls eine sinnvolle Alternative. Aktien scheinen nur in jeweils günstigen Phasen interessant. Die Zeit, in der sich das Aktiendepot nur vermehrte, ist vorbei.

ZUSAMMEN-FASSUNG

Aus der Vermutung, dass ohne die gigantische Schuldenaufnahme der Obama-Administration der letzten Jahre das Wirtschaftswachstum in den USA in Zukunft gegen null oder darunter tendieren und damit auch in Europa und China sinken wird, ergeben sich Möglichkeiten einer Krise auch ohne vorher gestiegene Zinsen. Oder vielleicht wegen der Anhebung der Zinssätze durch die amerikanische Notenbank in dieser fragilen Situation.

Ein Wirtschaftswachstum von nahe null muss noch nicht gleich zur Krise werden, aber dieses geringe Wachstum verschärft die Schuldensituation. Banken, zum Beispiel die italienischen, verdienen nicht genug, um die notleidenden Kredite abzuschreiben. Wenn ganze Branchen, wie zum Beispiel die Ölförderindustrie, in Schwierigkeiten geraten und ihre Kredite nicht mehr bedienen können, kann dies auch zu Problemen bei Banken führen.

Durch eine so geartete nächste Schuldenkrise, die nicht kommen muss, oder durch ein Auseinanderbrechen des Euro, das ebenfalls nicht zwingend ist, oder durch die Zahlungsunfähigkeit eines peripheren

Eurolandes sollte man mit einer US-Staatsanleihe oder einer deutschen Bundesanleihe in einem Depot bei einer Bank oder einem Discountbroker unbeschadet hindurchkommen. Dass bei einer Bankenpleite das dort gehaltene Wertpapierdepot durch pflichtwidriges Verhalten der Bank abhandenkommt – diese Möglichkeit ist in den Geschäftsbedingungen angedeutet –, scheint extrem unwahrscheinlich.

Mit physisch hinterlegtem Gold, etwa dem XETRA-Gold (A0S9GB) oder dem EUWAX-Gold (EWG0LD), wird man eine solche Krise heil überstehen. Das Gold, mit dem das XETRA-Gold-Zertifikat hinterlegt ist, kann man sich auch ausliefern lassen und selbst lagern. Eine Inflationskrise, bei der plötzlich galoppierende Preise zu steigenden Zinsen und fallenden Aktienkursen führen würden und bei der zwar Gold richtig wäre, aber Staatsanleihen leiden würden, scheint bei dem niedrigen erwarteten Wirtschaftswachstum in den nächsten zwei Jahren noch sehr unwahrscheinlich.

Sicherer noch als die beiden Varianten Staatsanleihen und Papiere mit hinterlegtem Gold in einem Depot bei einer Bank wären nur ein Depot bei der Finanzagentur der Bundesrepublik Deutschland oder physisches Gold. Diese Maßnahmen, für den Fall, dass man den Banken nicht mehr vertraut, würden aber nur im sehr unwahrscheinlichen Fall einer extremen Verschärfung einer Krise erforderlich werden. Trotzdem könnte es sinnvoll sein, im Vorfeld mit dem Übertrag einer gekauften Bundesanleihe ein Konto bei der Finanzagentur oder mit einer Überweisung zu einem Goldhändler ein Konto zu eröffnen, sodass Geld vom Konto sehr schnell dorthin überwiesen werden kann, wenn sich eine Bankenkrise andeutet.

Also: Eine Krise muss nicht kommen, ist aber durch die gegen null tendierenden Wachstumsraten möglich und durchaus realistisch. Problemverschärfend wirkt, dass bei Zinsen von bereits null die Wirtschaft kaum noch angekurbelt werden kann. Auch eine erhöhte Schuldenaufnahme zur Steigerung der Wirtschaftstätigkeit scheidet mittlerweile aus.

Bei der Schieflage einer Bank kann es ferner zu einem „bank run" kommen, weil die Kundengelder bei einer etwaigen Sanierung einbezogen werden. Großen Kursgewinnen sollte man deshalb in der nächsten Zeit nicht hinterherjagen, sondern lieber defensiv aufgestellt sein. Chancen ergeben sich erst wieder bei einem Paradigmenwechsel und der kann noch eine Weile auf sich warten lassen. Wichtig bleibt also in der nächsten Zeit, das Geld zusammenzuhalten und nicht zu versuchen, den großen Reibach zu machen. Der große Reibach kommt später.

336 Seiten,
gebunden mit SU,
29,99 [D] / 30,90 [A]
ISBN: 978-3-86470-254-9

Thomas Gebert:
Der große Gebert

„Der intelligente Investor", „Börsenindikatoren" und „Börsenzyklen" sind Klassiker der Börsenliteratur.
Nun hat Thomas Gebert sie komplett überarbeitet, an die heutige Situation angepasst und mit aktuellen Beispielen versehen – geballtes Börsenwissen, das dem Leser zeigt, wie er unaufgeregt und überaus erfolgreich an den Märkten agieren kann.

GUTSCHEIN

ÜBER EINE GRATIS-AUSGABE:

DER GEBERT-BRIEF

MIT DER INDIKATOR-STRATEGIE ZUM BÖRSENERFOLG

So holen Sie **das Maximum** aus dem legendären **Börsenindikator** von **Thomas Gebert** heraus!

So kommt Ihre Gratisausgabe zu Ihnen:
Einfach den Gutscheincode **tgbrief2016 + Ihre E-Mail-Adresse**
per SMS oder Whatsapp an: +49 151 40508233
oder per E-Mail an: gutschein@boersenmedien.de senden
und die aktuelle Ausgabe des Gebert-Briefs erhalten.